ULISES EYHERABIDE

Ulises nació y reside en San Nicolás, Buenos Aires, Argentina. Es arquitecto, músico y compositor. Fundador y líder de Rescate, la banda de *rock gospel* pionera del género «Rock Alternativo». Es su único miembro original desde la primera formación.

Es el compositor de las canciones más difundidas de Rescate. Tiene bajo su responsabilidad varias áreas artísticas y otros aspectos fundamentales del grupo.

En su vasta trayectoria, también produjo y grabó para distintos artistas cristianos. No solo con ellos compartió discos y conciertos, también lo hizo con notorios artistas seculares. Asimismo, ofreció charlas y talleres en numerosas oportunidades, en templos y congresos, entre otros. Los temas sobre los que fue y es invitado a compartir tienen que ver con la música como herramienta para anunciar el mensaje de Dios. Con frecuencia, es entrevistado en emisoras radiales, canales de televisión y publicaciones gráficas, incluso sus columnas fueron editadas en revistas.

Es miembro de la Iglesia Evangélica Dios es Amor de San Nicolás. En dicha congregación, trabajó durante años en alabanza y adoración, en cruzadas, obras de extensión y reuniones generales.

Ulises vive con Christi Sue Thompson, su esposa y con Federico y Agustina, sus hijos. Su familia y su hogar son los mayores anfitriones de los encuentros entre los integrantes de la agrupación.

... y serán mis testigos ...

(Hechos 1:8)

rescate hasta lo último de la tierra

ULISES EYHERABIDE
COAUTOR: SERGIO CONTEMORI

EDITORIAL Vida
DEDICADOS A LA EXCELENCIA

La misión de Editorial Vida es proporcionar los recursos necesarios a fin de alcanzar a las personas para Jesucristo y ayudarlas a crecer en su fe.

Hasta lo Último de la Tierra

Miami, Florida 33166-4665

Edición: *Eugenio Orellana*
Diseño de cubierta: *SNOB Diseño*
Diseño interior: *Eugenia Chinchilla Calvo*

ISBN: 0-8297-3821-5

Categoría: *Vida Cristiana/ Ministerios Juveniles*

Impreso en Estados Unidos de América
Printed in the United States of America

02 03 04 05 06 07 ❖ 07 06 05 04 03 02 01

DEDICATORIA

Dedico este libro a mi esposa Christina y a mis hijos Federico y Agustina. Son los que me conocen, me despiden, me reciben, me esperan, los que me abrazan, y me extrañan. Ellos saben de Rescate tanto como yo, porque también son Rescate.

Así mismo, dedico este trabajo a toda la inmensa familia que integra Rescate: madres, padres, esposas, novias, hijos y fieles amigos.

A cada integrante de esta banda por más de doce años. Muchos fueron parte del camino, otros todavía están en la brecha. Todos, absolutamente todos, son el corazón de Rescate.

Para ustedes, este libro.

Ulises Miguel Eyherabide

COMENTARIOS

Nuestra juventud necesita modelos dignos de imitar. El mundo ofrece a los jóvenes sus patrones como un referente. Creo que Dios ha levantado a Rescate como una verdadera referencia para nuestra juventud cristiana. A través de su testimonio, música, y ministerio, demuestran que se puede ser joven y seguir a Cristo con todo el corazón.

A Dios le agrada moverse de diferentes formas para alcanzar a todos. Cuando conocí a Ulises y a Rescate, observé cómo los jóvenes de mi iglesia se identificaron de inmediato con el grupo. Desde entonces, Rescate ha seguido influyendo con su ministerio a miles de jóvenes en toda Argentina y Latinoamérica.

Con todo mi corazón puedo afirmar que Rescate ha marcado un rumbo diferente para nuestra música, un nuevo camino de bendición para nuestra juventud.

RVO. CLAUDIO J. FREIDZON

Hacía bastante tiempo que la música de un grupo cristiano no me impresionaba tanto. Entonces escuché *No es cuestión de suerte*. Admito que hay muy buenas producciones juveniles en inglés, pero creo que Rescate viene a llenar un vacío que existía en la música en español. Tienen todo para realizarlo: una calidad indudable, gran experiencia y permanencia en el medio, música sumamente divertida, energía desbordante al presentarse en concierto, letras inteligentes y pasión por llevar el nombre de Jesús a la gente común y corriente, en un lenguaje y contexto que tienen la capacidad de atravesar cualquier barrera. ¡Adelante Rescate!

SARAI LEÓN
EDITORA DE LA REVISTA IPI

COMENTARIOS

Rescate es un grupo de jóvenes que se atreven. Han mirado más allá de lo que ya estaba hecho y decidieron salir a predicar a Jesucristo con formas nuevas y modernas. Hacía mucho tiempo que, aun sin saberlo, esperábamos algo así. Hablo de música para escuchar saltando, letras ideales para la velocidad de estos tiempos, una actitud divertida y graciosa, y una presentación musical del evangelio oportuna para el momento actual. Me gozo en haberlos invitado a los festivales que organiza nuestra asociación. Les deseo más bendiciones de nuestro Padre celestial y que continúen sin cesar como baluartes del evangelio que sigue cambiando vidas. ¡A él sea la gloria!

LUIS PALAU

Conocí a Rescate en una oportunidad que tuvimos de tocar juntos en Guatemala. Aunque había escuchado su música, no estaba preparado para lo que vi. Su tiempo de participación fue electrizante y, a la vez, desafiante. Un derroche de energía y pasión por Dios era evidente en su presentación. Rescate pertenece a una nueva generación, a una nueva casta de creyentes que se mueve a un ritmo espiritual distinto. Sin tratar de hacerlo, rompen con muchos de los paradigmas tradicionales que paralizan a tantos creyentes y les impiden contribuir en la expansión del reino de Dios. El púlpito de Rescate puede ser una plataforma o la esquina de una calle, pero el propósito se cumple: alcanzar a los no alcanzados, tocar a los hambrientos de un toque. Estoy seguro que las reflexiones a través de estas páginas desafiarán a muchos.

JESÚS ADRIÁN ROMERO

AGRADECIMIENTOS

A Dios por su gracia, por renovar su misericordia cada mañana.

A mi familia por darme todo el apoyo y el amor necesario, y más.

A cada integrante de Rescate y sus familias (los que están y los que fueron), por creer, por resistir, por ser bandera.

A Sergio Contemori, por tu amistad, por ser equipo, por ser despierto; sin tu sensibilidad, este libro no sería.

A Esteban Fernández y toda la familia de Vida, por su visión, por la oportunidad, por querer siempre ir más allá.

A nuestros pastores, líderes e intercesores, por tenernos siempre "mimados" en sus ruegos.

A los miles de adolescentes y jóvenes que le dan un porqué a nuestra visión pues la potencian, nos hacen saber y sentir que todo lo que podamos hacer será poco; por ellos y para ellos será Rescate.

Ulises Miguel Eyherabide

Sergio nació y vive en Rosario, Santa Fe, Argentina. Cursó las carreras de Locución y Periodismo. Es conductor de programas, periodista, locutor, cronista, redactor creativo. Desde que comenzó su experiencia, trabaja tanto en medios de comunicación cristianos como en seculares: las principales radios AM y FM, diversas publicaciones gráficas, canales de televisión. Suele conducir festivales y reuniones especiales. Le apasiona entrevistar a personas de toda índole, recurso que desarrolló sin interrupción. Aunque en televisión su experiencia es breve, realizó entrevistas, producción periodística y encuestas callejeras. En las citadas publicaciones, además de escribir sus artículos, cubrió tareas de corrección y aportó ideas de diseño y diagramación.

Trabaja en Rescate desde hace varios años. Produjo y grabó los materiales de prensa para varios discos de la banda. Participó en el elenco del primer *clip* del grupo, al que también presentó en distintas ocasiones.

Es miembro de la Primera Iglesia Bautista de Rosario. Durante unos veinte años, se desempeñó como líder y coordinador de tareas en el área juvenil bautista local, en alabanza y adoración, en artes y en campamentos de niños y preadolescentes. Integró una compañía de arte evangelística cuyo servicio mayoritario fue en la calle. Compuso letras de canciones. Incursionó en textos para teatro.

SERGIO CONTEMORI
contemori@citynet.net.ar

PALABRAS SOBRE RESCATE

Sueños juveniles. Grupo de adolescentes. Fotos. Recuerdos inolvidables. Sueños de estrellato, escenarios y luces. Metas altas. Tardes de fútbol. Propuestas. Ensayos. Canciones. Deseos de ser los mejores. Hacer buena música, para nuestros amigos, los que nunca vendrían a la iglesia. Vida de adolescentes. Deseos de conquistar a las chicas que nos gustaban. Reuniones y campamentos. Amigos atreviéndose a soñar.

Éramos simples adolescentes con ganas de hacer algo grande, algo inédito: música para la calle, para los perdidos, música bien hecha, sin vergüenza. Le dedicamos el tiempo, el compromiso y los innumerables ensayos que consideramos necesarios para acercarnos a la meta, por aquel entonces casi inalcanzable. Nada era demasiado, todo era poco.

Al mirar atrás, es difícil resumir todas las vivencias y experiencias, los pensamientos y sentimientos que nos motivaron a comenzar y a perseverar. Dios nos unió y nos permitió que, al mismo tiempo que perseguíamos nuestros amores de música y chicas, pudiésemos conseguir la esposa correcta y consolidar una banda no pasajera. Fue una etapa que nos marcó profundamente. Estamos muy agradecidos a Dios por cumplir muchos de nuestros sueños y dejar que esto haya despegado y siga siendo de bendición a tantas personas. Eso nos anima a seguir soñando. Dios puso algo sin palabras en nuestro corazón y la expresión de ello es Rescate.

Rescate, más que un nombre, es nuestra razón de ser, estar cerca de los que se están perdiendo con las herramientas para poder rescatarlos.

JONATHAN THOMPSON

Cofundador de Rescate y cuñado de Ulises. Pastor de jóvenes en la congregación California Redding, Estados Unidos.

CONTENIDO

PRÓLOGO

Miles y miles de personas esperan abarrotadas en el centro mismo de la populosa ciudad de Rosario, República Argentina. El escenario se recorta imponente en medio de un *show* de luces. Una inmensa pantalla muestra con calidad magistral cada detalle de la multitud. Alguien intenta dar algunos anuncios y poner orden a un gentío impaciente. Es la segunda noche de un festival y tiene algo especial. Faltan pocos minutos para que ellos salgan a escena. Son populares. Tienen ese brillo que los hace diferentes al resto. La ansiosa multitud corea el nombre de la agrupación. Detrás del telón, sus integrantes sonríen tranquilos. Uno de ellos cuenta una broma y los otros lo festejan, mientras un asistente les saca brillo a unos lentes de utilería que el líder usará para el inminente concierto. La puesta en escena es parte de la presentación, por eso cuidan cada mínimo detalle. Cualquier reportero gráfico compraría el "modelo terminado".

Son notorios. Sus discos han estado en el tope de ventas sin tener que venderle el alma a una compañía discográfica. Sus temas han recorrido Latinoamérica en una especie de promoción *underground* que, en definitiva, es la más valedera, porque no es el resultado del *marketing* sino del gusto de la gente. Han saboreado el placer de los primeros puestos en los *rankings* radiales de aquí y otras ciudades del mundo. Y ahora, mostrarán y dejarán oír su música a esas miles y miles de personas. Es demasiado para una sola noche. Con todo, ellos no parecen tan sorprendidos. Tal vez sea porque ya llevan mucho más de una década en el ruedo y conservan una visión clara.

Son pioneros del *rock gospel.* Se dice que en el camino rechazaron varias ofertas a cambio de modificar algunas letras y el mensaje. También se cuenta que la primera vez que tocaron en público no tuvieron repercusión y que el grupo estuvo por disolverse algunas veces. Sin embargo, por alguna misteriosa y curiosa razón, sencillamente continuaron. Alguien anuncia que en minutos la banda saldrá al escenario. El público estalla. La figura del hombre aparece detrás de uno de los gigantescos parlantes. La multitud aún no puede verlo. Parece frágil. Es delgado, pero tiene ese "ángel" que logra ascendencia entre la juventud, ese toque inexplicable de Dios que marca la diferencia con cualquier otro músico. Y, por sobre todas las cosas, sabe a dónde va, cualidad que no abunda en las formaciones cristianas.

La primera vez que me encontré a Ulises me quedé sorprendido por su apellido, casi impronunciable para los que recién lo conocen. Me habían invitado a predicar a una pequeña ciudad. Fue justamente él quien me recomendó para disertar en la bella San Nicolás, lugar que fue testigo de los primeros pasos del grupo. Es imposible no querer a Ulises. Sus palabras surgen a borbotones como aquel que tiene demasiados planes, muchos proyectos para una sola vida. Es eternamente joven. Desde que lo conocí, a principios de los 90, he cambiado mi estilo muchas veces y algunas canas me invaden sin piedad. Sin embargo, él sigue igual, intransigente al cruel paso de los años. Como el legendario cuento de Walt Disney, es una extraña mezcla de Peter Pan y el hombre padre de dos hijos. Hace muchos años ya sabía lo que quería. Soñaba con inmiscuirse, aun sin permiso, en los conciertos seculares. Aspiraba a pregonar el mensaje de Cristo en recitales atiborrados de inconversos, aunque tuviese que compartir el escenario con bandas de *rock* que apelaran a las drogas y el sexo. Él quería marcar la diferencia puntualmente allí, en la calle. Todos sus anhelos fueron cristalizados, no obstante no fue fácil, claro que no. Acaso porque todos los pioneros están obligados a pagar el alto precio de la soledad y la incomprensión.

Ulises fue de los primeros en utilizar palabras como “show”, “tour” o “profesionalismo”, y los cristianos amarrados a la mediocridad le bajaron el pulgar. No concebían la “descabellada” idea de fusionar la espiritualidad con la excelencia. Es que proviene de la misma generación que la mía, aquella sin dignidad, sin esfuerzo, un grupo de gente con torres a medio terminar; esa generación cuya única meta era esperar el milagroso arrebatamiento, mientras el mundo se consumía en la crisis. Durante los años en los que le tocó crecer y consolidarse, aparecieron y se extinguieron una decena de bandas y agrupaciones, pero ellos continuaron; acaso porque descubrieron el detonador, el gran secreto: Ulises y sus muchachos nunca intentaron nada, ellos entrenaron.

Un pastor amigo dice que nosotros siempre queremos una fórmula mágica y rápida que no nos obligue a entrenar. Intentamos orar pero no nos capacitamos para hacerlo, queremos escapar de la tentación pero no nos entrenamos para resistirla, intentamos llegar temprano a la cita pero no nos entrenamos para levantarnos temprano. Ulises jamás intentó formar una banda, simplemente se entrenó para tenerla, y alguien que trabaja duro y se esfuerza es capaz de lograr una marca mundial. Ahora, están a escasos segundos de pararse ante miles de personas. Algún comprador de medias verdades podría llegar a pensar que solo se trata de un buen disco o un corte musical que se difundió más de la cuenta, pero no se consigue jugar en las grandes ligas solo por obra del destino. Se requiere entrenamiento.

Ulises ya no es el mismo de hace quince años. Está más sólido, aunque conserva ese brillo en los ojos que solo poseen los propietarios de la llama sagrada. Compartimos un *show* televisivo, en vivo, desde Costa Rica y también se presentaron en una de mis cruzadas en el estadio Boca Juniors. Unos setenta mil jóvenes se sorprendieron cuando tocaron el tema *Loco*, de la entonces reciente placa *No es cuestión de suerte*. Fue entonces cuando supe que no los tendríamos mucho tiempo con nosotros, que debíamos compartirlos con el resto del mundo. Poseen la caballerosidad de los humildes. Pudieron haber impuesto sus condiciones o exigido alguna trivialidad, pero me acompañaron en la visión y se amalgamaron conmigo en el mismo sincronismo espiritual. Vuelvo a Rosario, al festival del respetado conferencista Luis Palau, que los tiene como invitados. Las luces se apagan. Un foco seguidor ilumina intermitentemente a la masa de gente que los espera impaciente y alborotada.

Me agrada sobremanera ver cómo Dios ha guiado a Ulises a quitar la mediocridad instalada en toda una generación de jóvenes cristianos. Acaso porque siempre ha exhibido, desde sus canciones, verdades prácticas e ideas desafiantes, haciéndolas comprensibles tanto para el intelectual como para el simple, para el joven y para los que viven muchos años , con un especial enfoque a evangelizar en la calle, fuera de las inertes paredes de los templos. El *show* está por comenzar. El maestro de ceremonias juega una cuenta regresiva con la multitud. Un sinfín de asistentes, vestidos de negro, corren nerviosos detrás del escenario, mientras los camarógrafos se disponen a no perderse el más ínfimo detalle. Hasta el último colaborador podrá seguir los movimientos del grupo, a diez cámaras, en pantalla gigante. Ulises es un muchacho temeroso de Dios, sin segundas intenciones. Tiene el oficio de arquitecto, aunque no lo parece. Juega a que es un niño y le creemos. Es agudo y brillante, sencillo e incisivo, eternamente joven de espíritu y alma.

De pronto, un mar de flashes fotográficos inunda el gigantesco predio y se anuncia a la banda. El público estalla. Los inconversos y curiosos eventuales observan sorprendidos. El muchachito al que vio nacer San Nicolás y los otros ocho están a un paso de marcar un precedente en la historia de la juventud. En pocos días, adolescentes y jóvenes habrán agotado sus discos y sonarán en las radios latinas más importantes. Juegan en las ligas mayores, tienen carisma, sacuden a la multitud, los conducen a Cristo de un modo inusual.

Recibamos con gratitud el primer libro de un hombre que ha logrado lo impredecible: formar una banda que se consolida con el tiempo. Se llama RESCATE, y jamás intentaron nada; entrenaron para esto.

Dante Gebel
Pastor de jóvenes

PRIMER *track*

Más que un tratado teológico o un catálogo de respuestas, este libro es un archivo de experiencias; un documento urbano de lo que Dios hizo y hace con y por Rescate. Es unos cuantos episodios de lo incesante. Porque Dios es incesante. Incesante con cada uno de nosotros: incesante en amarnos, aceptarnos, ampararnos, limpiarnos. En invitarnos a volver a empezar, en inspirarnos letras, en perfeccionarnos.

Este libro es, entonces, nuestra manera, menos literaria que sincera, de contarte nuestra vida en páginas impresas.

Para comenzar, lo más franco que podemos decir es que somos agradecidos. Cada cosa que Dios hace en y por nosotros nos provoca a gratitud. Una gratitud inmensa e intransferible. Somos agradecidos porque somos un testimonio vivo de que Dios utiliza a personas que, sin merecerlo, pueden y están dispuestos a ser bandera y estandarte de Jesús.

A todo lo que somos en Rescate siempre queremos ponerle una carga de ser auténticos; es decir, más allá de nuestra calidad de cristianos, tenemos nuestros momentos altos, y bajos, momentos de alegrías, y de luchas. Nuestras batallas ganadas y nuestras batallas perdidas. Ante la gente, los adolescentes en particular, esto no se puede disimular, y si no lo podemos hacer, entonces, vale la pena decirlo. Queremos ponernos a la altura de las circunstancias y de las personas. Queremos que veas y entiendas que somos como vos.

PRIMERA PARTE
LA PREHISTORIA

EL PRINCIPIO
JEREMÍAS 29:11-14

Primavera en San Nicolás. Septiembre de 1991.

Abril de 1982. Comienzo de la guerra de las Islas Malvinas. Un corto y desigual enfrentamiento entre Argentina e Inglaterra, desarrollado en el Atlántico Sur y finalizado en junio de ese mismo año. El lapso de postguerra se prolongó hasta 1994 y generó una fuerte década para los argentinos en relación con su música popular contemporánea. Argentina y su Rock Nacional vivían algo muy especial, tan personal como un repertorio de caricias o el desesperado instinto de la supervivencia. Mientras determinados géneros atravesaban un punto álgido, proliferaban por allí bandas rockeras de alto vuelo y calidad.

Nosotros ya tocábamos. Desde hacía tiempo musicalizábamos los servicios de nuestras congregaciones. El atardecer de aquellos días postrincheras nos encontró con mucho deseo de armar una banda para salir al circuito general. Entonces, Jonathan Thompson, Esteban Albarracín y yo nos juntamos. Éramos adolescentes y pertenecíamos a diferentes formaciones. Marcelo Vitrano también flotaba en aquella placenta pop.

Faltaba marcha hasta que apareciera nuestra primera grabación: un cassette con tapa negra, letras rojas y rutilante trazo verde que contuvo seis canciones. Rescate no era todavía. La banda aún no tenía nombre.

Se organizó un festival de bandas *under* denominado *Anfirock*, pues se realizaría un día de primavera en el anfiteatro público de la ciudad. Durante toda la tarde las agrupaciones seleccionadas presentarían su música.

Nuestro desafío provino de que nunca una banda cristiana había tenido tal oportunidad, y si la tuvo nosotros no lo supimos. Antes de convenir con los organizadores nuestra participación, lo primero que hicimos fue pedirle permiso al pastor. Él ya había escuchado algunas canciones nuestras y sinceramente no nos entendía, aunque nos apoyaba. Lo hacía porque nos conocía desde chicos, sabía el corazón que teníamos, pero no comprendía lo que nosotros hacíamos. Por eso nos envió diciendo: "Vayan, los cubro, pero no digan que son de la iglesia". Luego puso sus manos sobre nuestras cabezas y oró por nosotros.

No todos éramos de la misma congregación, aunque mayoritariamente sí éramos de una. Esteban pertenecía a la de su padre. Jonathan, hijo de misioneros, recorría un montón de iglesias a causa del servicio de sus padres. Él consideraba el *Anfirock* con un temor especial, no hablo de miedo, sino de un temor reverente respecto de la experiencia que viviríamos. Oramos antes de salir a tocar. Jonathan oró. Al finalizar hizo una pausa, nos miró con firmeza, y dijo: "Pensemos que tal vez hoy sea la única oportunidad que Dios nos da de cantar a chicos que no lo conocen". En ese momento, ninguno de nosotros sabía que, en realidad, sería la primera. Fue como que nos impusimos la carga de que quizás fuese la única, o la última, sin sospechar que sería el principio de algo mucho más grande, una historia que empezaba desde aquel día de septiembre. Por sobre detalles y detalles, recuerdo muy bien el momento de la plegaria de mi querido hermano, amigo y cuñado. A partir de haber participado en aquella ocasión, tuvimos la oportunidad de presentarnos en otros festivales del circuito urbano.

En el concierto múltiple tocaron unas veinte bandas y asistieron más de 3000 espectadores, entre jóvenes, adolescentes y algunos pibes añejos. Sobre aquel escenario de cara al río debutó Rescate, sin saber ni imaginar lo que vendría. Fuimos el único grupo de Dios. Nos catalogaban como *la banda religiosa*, entre comillas. Tocamos temas que no grabamos en ninguno de nuestros discos y algunas canciones de *Ninguna religión*. Por la cantidad de instrumentos, Rescate estaba al nivel de las buenas bandas. Jonathan, estadounidense e inquieto, había traído varios desde su país. Un poco por esto, un poco por las letras de nuestros temas, la gente nos veía como sapos de otro pozo.

Dijimos ya que no teníamos nombre. La oficialización de Rescate como tal se produjo en el *Anfirock*. Lo propuso Jonathan y sonó fuerte, sólido. Rescate es una sigla que quiere decir *Reyes En Servicio de Cristo Ante Tiempos Extremos*. El nombre, que descubría nuestra vertiginosa adolescencia, era rebuscado, por eso no usamos sino la sigla. Sin embargo, después nos sirvió para inscribirlo como marca. Rescate es una palabra muy común como para que sea una denominación distintiva y exclusiva; de modo que anotar el nombre completo nos ayudó a que fuera aceptado. Y proféticamente nos marcó.

Las personas que dan importancia a estas señales, cuando saben que Rescate significa *Reyes En Servicio de Cristo Ante Tiempos Extremos*, nos dicen: "No es casualidad que ustedes tengan un levantamiento tan violento en este momento. ¡Vaya si son tiempos extremos! En especial, el momento que vive Argentina". El padre de uno de nosotros, un claro hombre espiritual, que siempre está orando por Rescate, un día nos llamó y nos preguntó: "¿Cómo andan?" Le contestamos: "Andamos bien, pero..." y esbozamos una queja. Él nos exhortó: "Piensen que ningún hombre de Dios, de los que leemos en la Biblia, profeta, apóstol o lo que sea, ninguno, descolló en un momento que no haya sido extremo para él".

En los momentos de mayor crudeza, Daniel escribió su libro por lo que vivió en el foso de los leones o sus amigos en el horno de fuego. De igual manera, Abraham tiene su vida escrita en la Biblia por la fe, porque el Señor le pidió a su hijo, para llevar su fe hasta el extremo. Y así Moisés, David, Ester, Gedeón, Pablo, todos. Los hombres y mujeres de Dios de la Biblia descollaron y crecieron a partir de un tiempo extremo.

Como argentinos y latinoamericanos, estamos en un momento inmejorable, porque vivimos tiempos extremos en lo social, económico, político, relacional, moral y espiritual. Los argentinos siempre estuvimos catalogados de orgullosos y ahora estamos humillados. Son muchas las cosas que hacen que hoy un argentino se sienta en un momento extremo, como tocando fondo.

"Porque yo sé muy bien los planes que tengo para ustedes", dice el Señor, "planes de bienestar y no de calamidad, a fin de darles un futuro y una esperanza. Entonces ustedes me invocarán, y vendrán a suplicarme, y yo los escucharé. Me buscarán y me encontrarán, cuando me busquen de todo corazón. Me dejaré encontrar, y los haré volver del cautiverio. Los reuniré de todas las naciones y de todos los lugares adonde los haya dispersado, y los haré volver al lugar del cual los deporté". Así dice el Señor.

UNA RAZÓN

Pero si ves quién es el Principal acá, te das cuenta que Dios es nuestra razón. Ooooh, todo para Dios, ooooh.

Adrián toca el clarinete, lo hace para Dios. El Negro toca la trompeta, lo hace para Dios.

Y si entiendes la verdad del amor de Dios, canta, grita, salta, di la razón. Ooooh, todo para Dios, ooooh.

Primavera en Empalme Villa Constitución, provincia de Santa Fe, República Argentina. Septiembre de 1992.

Ya había transcurrido un año desde nuestro primer concierto, un año desde aquella primavera y aquel anfiteatro cuando la gente se encontró con Rescate por primera vez. El *rock gospel* había echado a andar y seguíamos sin imaginar hasta dónde nos llevaría el Señor y cuánto nos usaría y nos enseñaría en este entrenamiento para servirle. Durante los meses siguientes al *Anfirock* nos abocamos a entregar a Dios aun hasta los pormenores y a nosotros mismos por completo. Compusimos canciones, mejoramos las ya hechas, exprimimos los días en busca de algo que llegaría poco a poco, disco a disco, gira a gira: nuestro estilo.

En agosto de 1992 un productor ajeno al pueblo de Dios decidió organizar un concierto para el día de la primavera en una ciudad cercana a la nuestra llamada Empalme Villa Constitución, una localidad en la que las presiones urbanas improvisan armonías con los aires de pueblo. Un estadio de fútbol sería el ámbito del recital. Y Los Pericos, agrupación secular argentina famosa en toda Latinoamérica, el número central. Aquel organizador nos había invitado porque sabía que nuestra música contenía similitudes con la de la banda perica. Tanto ellos como nosotros usamos *brasses* y percusión y ambos conjuntos cultivan el *reggae*.

Nos pidió cinco canciones, pero que no habláramos. Sabía que éramos cristianos y que en nuestros conciertos siempre había un momento en el que decíamos algo. Enfático, nos dijo: “Ustedes suben y cantan cinco temas de corrido. No quiero ni una palabra que tenga que ver con la religión. Solo toquen". Aceptamos. Acordamos. Se quedó tranquilo.

Lo que no aceptamos, aunque él no lo supo, fue quedarnos sin buscar y encontrar alguna manera no diluida de predicar acerca de nuestro Dios y su amor por las personas y, de paso, explicar nuestra identidad. Continuamos exprimiendo los días y golpeando al cielo por inventiva eficaz. Le buscamos la vuelta para que quedara bien en claro por qué nosotros estábamos ahí. Quisimos que resultara comprensible y nítido que para nosotros aquel no era solo un concierto de primavera más. Por eso, y como entrañable herramienta, nació *Una razón*, la canción que América Latina rebautizó como *Todo para Dios*.

Si ustedes siguen y repasan su letra, encontrarán frases muy marcadas que tienen mucho que ver con aquel momento. Dos o tres de sus oraciones son tan fundamentalistas que quizás no volveríamos a escribirlas así. Éramos fanáticos, muy fanáticos. Decíamos: "¡Ojo! Que se note que somos cristianos". Es una cuestión que maduramos a través del tiempo. Más allá del crecimiento, son los fundamentos y eran los comienzos.

En definitiva, en aquel concierto del 21 de septiembre fuimos teloneros de Los Pericos. Fue un momento irrepetible. Habría de pasar mucho tiempo hasta que volviéramos a compartir escenario con bandas seculares. Sucedió en el 2000 y 2001, cuando en distintos festivales tocamos con La Mosca y con el ahora hermano y amigo, Juan Luis Guerra.

Aunque hoy lo digamos de otra manera y aunque de los integrantes originales solo quede uno, sigue claro, bien claro, que Dios es nuestra razón.

— De la canción *Una razón*,
del disco *Remix*.

ASTUL (O EL *ROCK* DE LOS PIONEROS)

Cómplice del viento, eufórico pasajero de este suelo.

Definición y referencia. La frase es extraída de un poema impreso en la carta de Astul, el bar de la ciudad, que lleva ese nombre en homenaje a Astul Urquiaga, poeta nicoleño que vivió entre 1914 y 1991.

Gary, su propietario y alma mater, suele combinar en espirituosas dosis los truenos y la lava del *rock* con apacibles muestras de artistas plásticos. Es un reducto mundano Astul, emplazado frente a la plaza principal de San Nicolás, en el que la buena música, certeros tragos y los diarios del día siempre son de la partida.

Fue ese nuestro primer bar, el primer lugar nocturno donde tocamos.

La primera vez que nos presentamos allí fue en 1998, con *El pelo en la leche*. Como siempre pasaba, esa vez también sucedió que llegamos invitados como la banda *rock gospel*, un paso adelante desde el ingrato mote de *la banda religiosa*. Y así, de a poco, nuestra música fue encontrando un lugar en nuestras ciudades, San Nicolás y Rosario. Para nosotros fue tan comprometedor ese avance como cada una de las veces que tocamos en Astul.

Cuando tocamos en tales recitales o en bares nos pasa algo raro. Lo sentimos al alternar con "La Mosca" y con "Los Pericos". Son momentos fuertes, demandantes, porque el público no nos festeja ni nos está esperando a nosotros, sino que nos mide, nos examina, nos aprueba o nos desecha; y, justamente, en esas circunstancias se hace más fuerte la necesidad de depender de Dios. Porque, por un lado estamos en verdadera tierra extraña, y por otro, nos sentimos realmente bandera de Jesús. "Hoy nos toca a nosotros estar acá representando a Jesús", nos decimos.

Por eso, tocar en los bares son experiencias únicas. Hablamos de tocar con una mesa a un metro y medio de nosotros, con un público que nos escucha respirar, sintoniza nuestros jadeos, ve nuestra transpiración y hasta puede fotografiar nuestra saliva. Allí no es como estar en un escenario donde hay telón, distancia entre el artista y el público, calidad de sonido y, entre las luces podemos parapetar nuestros nervios. El bar es todo en crudo, todo expuesto, muy auténtico, muy de frente. El concierto es tan visceral que nos crece esa necesidad de abrazarnos al Señor y decirle: "Dios, acá estamos, estamos acá".

Cuando corrían aquellas estaciones, Rescate estaba acostumbrado a tocar de vez en cuando. Más que nada, teníamos una cuestión local y zonal. Éramos una banda poco conocida aun entre los cristianos, una más de las tantas agrupaciones *under*, con el agravante de que nos calificaban como la *banda religiosa*, molesta espina que ya mencionamos. Sin embargo, fue bueno que todo eso nos haya pasado en el principio porque marcó nuestro corazón evangelista. Lo asumimos y afirmamos: "Lo nuestro está acá. Aunque ahora sea pequeño, lo nuestro está acá. Algún día será grande, pero lo nuestro está acá".

Formamos parte de todo un proceso de cambios en la iglesia evangélica. Es una etapa que abarca más de una década, en la que cambiaron la música, las estructuras, la inserción del cuerpo de Cristo dentro de la sociedad. En el arranque, allá por los primeros años de la década de los 90, Rescate fue tomado desde la incomprensión. Santos y fariseos no entendían ni concebían a la banda como portavoz de Dios. Hoy las cosas han cambiado. Rescate es considerado una herramienta viva y útil. ¿Por qué? Porque en la actualidad la iglesia está metida dentro de la sociedad y la banda es muy válida cuando pastores y líderes cristianos requieren de ministerios aptos para trabajar con códigos urbanos, tarea que nosotros venimos haciendo desde hace mucho tiempo, cuando nadie más lo hacía. En general, el pueblo de Dios ve que hablamos como habla la gente en su urbanidad, que nos podemos hacer entender de esa manera, entonces hay una aceptación. Dios renueva el asombro.

La pasión de estar mezclados con la gente común, con los nuestros, poder hablarles y que ellos entiendan, para nosotros es algo inamovible desde el comienzo. Más allá de que cambiaron los escenarios, los tiempos, la formación, esa médula se mantuvo intacta, ese compromiso de ser testimonios.

En tantos años de carretera, hay mucho camino de piedra, mucha cuesta arriba, y ahí es cuando Dios nos pone a prueba, para discernir dónde tiene puesta su pasión cada uno, dónde fundamenta su misión y su meta. A pesar de haber tenido muchas intersecciones difíciles, nunca renunciamos a seguir adelante sin apartarnos de la visión. Cuando empezamos a sonar bien, aquellos mismos productores y organizadores de primaveras y festivales, inclusive la misma gente, nos reclamaron: "¿Por qué ustedes se la pasan destacando a Dios?, ¿Nunca se les dio por hacer planes más livianos y llevar a la masa música más fácil?", posibilidad que incluía renunciar a nuestra identidad en Jesucristo. Gracias a Dios, nuestra música evolucionó, cambió, creció, siempre en función de que Rescate tiene una visión evangelística fuerte y constante.

01 El primer afiche (1989) // 02- El último afiche. Quitamancha 2002. // 03- Primera formación de Rescate. Lucho, Ulises, Adrián, Esteban, Jonathan, Marcelo (falta Daniel). San Nicolás después del ensayo 21 de enero de 1989. // 04 Grabando "Ninguna Religión" (1994) // 05 Las primeras giras.

01 Primavera del 90 (junto a Los Pericos) // 02 Buenos Aires 1995 // 03 Después ensayo 1992 // 04 Con Petra Buenos Aires 1995 // 05 En lo poco has sido fiel (Entre Ríos 1992)

01 Brasses de 1996 // 02 Flores en primavera Buenos Aires 1995 // 03 Gran show secular. Parque de la Costa – Buenos Aires 2000 // 04- Con Newsboys. West Palm Beach 2001 // 05 Presentación El Pelo en la Leche

03

01- Con Claudio Freidzon. Miami 2001. // 02- Con Jaime Murrell. Miami 2001. // 03- Rescate 2002.

01

02

03

04

05

01 Con el maestro Abraham Laboriel (Buenos Aires 2001) // 02 Primavera 2001 Palermo – Buenos Aires // 03 Televisión en Puerto Rico (2002) // 04 Junto a Yiye Ávila // 05 Junto a Dante en Costa Rica

TU GRACIA
MATEO 11: 28 / PRIMERA JUAN 1: 9

Fiesta de paz en la mañana, cálido abrazo en la tarde, la fiera que ruge está por siempre sometida y se abre en la noche un sereno descanso integral.

Es lo que se obtiene sin merecer. Es recibir el perdón, la libertad, la alegría, una bendición y sentir, saber que uno los recibe sin ser merecedor. Así es la gracia, así viene a nosotros este don de Dios. Respirar la gracia, inspirar esa inmensidad divina desinfecta nuestra vida, nos llena de salud.

Aunque sea imprescindible para nosotros, solemos oponer resistencia, engañosos argumentos de la arrogancia. Aceptar la gracia requiere que estemos dispuestos, entregados, dóciles a dejarnos amar por Dios. No es fácil aunque sea maravilloso. Nos hace falta permitir que el Señor nos complete, precisamos, la humildad. Verdaderamente, Dios tiene que ser el alfarero y nosotros, un pedazo de nada, sin forma ni autosuficiencia, reverentes y con voluntad de dejarnos formar. Es lo básico para que él actúe. Hablar de gracia parece sencillo; sin embargo, la lucha contra el orgullo es dura y solo termina cuando nos rendimos por completo a Dios.

La gracia aparece de diferentes maneras y adquiere diversos lenguajes para demostrarnos que estamos allí, inmersos en ese favor indispensable. Primero, el perdón. Siempre nos sorprendió la magnitud del perdón de Jesús, tan diferente al humano, a ese amor que podemos dar vos y yo. Porque a nosotros nos sucede que una persona nos defrauda y la perdonamos porque Dios así lo dice, pero le perdemos la confianza y es difícil restaurarla. Podemos perdonar, pero confiar en quien nos lastimó ya forma parte del milagro. En cambio, Jesús no solo nos perdona sino que nos restituye la confianza al punto de habilitarnos como estandartes suyos. Nos envía a pregonar las buenas nuevas, tenemos que ser Jesús, nuestras pisadas son sus pisadas, lámparas de sal en la hecatombe de los tiempos. Esta es la manifestación más grande de sabernos y sentirnos perdonados: tener la oportunidad de representar a Jesús en la calle, con nuestras palabras, nuestros actos, nuestros hechos. Ser Jesús en la calle es la concluyente evidencia de que Dios nos perdonó.

Siempre estuvo y siempre estamos en la época de la gracia. Quizás ahora el mensaje que predicamos la enfatiza más porque durante largo tiempo la iglesia de Cristo puso énfasis en otras cosas. El ver el presente, el tomar conciencia de los últimos tiempos, de estos tiempos extremos, supone que mucha gente se distanció por interpretar a otro dios, no al verdadero Dios. Por años interpretamos a la iglesia en un rol solo religioso y dejamos de mostrar, primeramente, lo que es el perdón de Dios. Quienes recibimos gracia fuimos estandartes parciales.

Hablo de la iglesia como organismo, no de nosotros en lo personal, pues, en potencia, cada uno es un evangelista. Por eso, tratamos de mostrar el lado bueno que tiene el ser cristiano. Lo expusimos ante nuestras familias, nuestros amigos, nuestros compañeros al transmitir lo que sentimos y cuando preferimos ser locos en la ciudad y no muertos en vida. Además, no podemos engañar a los demás, menos a los cercanos, porque conocen como somos y nos confrontan si decimos una cosa y hacemos otra. En relación con la iglesia en sí, ahora el mensaje de la gracia hacia el resto del mundo está más explícito, mejor expuesto.

Lejos de la angustia, en el corazón del jubileo, la gracia nos exime de la culpa. Tiene que ver con la misericordia y la voluntad de Dios. Por eso cuesta comprender y aceptar, y duele en las entrañas que tanta gente haya llevado una vida en desastre; claro que, por sobre lo pecaminosa que haya sido, Dios les perdona y pasan de muerte a vida en el instante. Por ejemplo, los chicos que estuvieron años en una congregación, se pusieron de novios y embarazaron a sus novias en una noche de locura en la que perdieron el dominio propio. Chicas quebrantadas. Varones solos. Se sintieron condenados como reos, fueron blanco de los prejuiciosos, esos hipócritas que tiran la primera piedra. Con experiencias así hemos salido a mirar el cielo y preguntarle a Dios: "¿Señor, cómo es esto: tipos que toda la vida se drogaron, robaron, fueron delincuentes, son redimidos bajo tu perdón, y chicos que te agradaban, con corazón conforme a vos, por un tropezón están con sus vidas totalmente arruinadas? ¿Cómo es, Señor? ¿Cómo es la cosa?"

Las acusaciones no sanan. No hay exhortación fructífera si no está dada en amor. A los enfermos hay que asistirlos, internarlos, operarlos, y no abandonarlos en el último banco de un templo o en la soledad de su prisión.

Uno, dos y tres, quedás en la lona; aunque no puedas creerlo, Jesús te perdona.

Gracia es aceptar el perdón de Dios, es no sentirnos culpables, es sabernos limpios, es creer lo que él dice y declarar su sanidad sobre nosotros. Gracia es rechazar la primera piedra y llevar a la cruz de Cristo las acusaciones del maldito. Ya fue vencido Satanás, ya fueron vencidos el pecado y la muerte y el miedo y la cobardía y la discapacidad. El pecado siempre nos empuja a desperdiciar la vida. Dios siempre nos encamina hacia una nueva oportunidad, a pesar de las rabiosas secuelas de morder la fruta. Gracias a Dios por su gracia.

Podemos estar disciplinados en nuestra congregación, haber traicionado la confianza de nuestros mejores amigos, nos pueden haber dado la espalda y enjuiciarnos sin misericordia. Por sobre todo eso, la gracia del Señor nos hace limpios, muy seguros de que podemos volver a empezar. Él nos invita a tomar esta nueva chance. Aquí y ahora, Dios nos convida su propia vida.

Las sonrisas forman parte de la claridad. Dios es un apasionado del buen humor. Divertido es comprobar cómo recomenzamos, cómo nos damos cuenta, después de haber malgastado la inocencia, que de pronto y como un anuncio de locos Jesús nos grita que recuperamos todo lo que perdimos. Irrumpe, entonces, la alegría, el asombro, todo el agradecimiento, un raudal de sensaciones y sentimientos. Volver a empezar, ser restablecidos, gustar la restitución es lo más maravilloso que tiene la gracia.

Fuera del facilismo, cercano a la sabiduría, este mensaje nos compromete a la santidad porque incluye una demanda de responsabilidad. Crece una especie de compromiso nuevo porque Dios nos perdonó absolutamente todo, depositó otra vez su confianza en nosotros sin que lo mereciéramos, nos renovó su crédito. Su amor nos llama a redoblar la fidelidad que tuvimos con él. En términos de guerra espiritual, tomar el paso hacia el perdón y creerse perdonado desata victoria en el reino espiritual, desactiva los arpones de Satanás.

En el día a día, sembrar y compartir la gracia es natural cuando es espontáneo. Compartimos mucho tiempo con gente no cristiana. Cuando surgen temas de la vida de todos los días, creemos que podemos llevar al Dios de gracia a lo cotidiano y compartirlo entre las personas, en las diferentes actividades. Cierta vez cenamos un asado en casa con Gustavo, el fotógrafo de nuestros últimos discos. Comentamos sabores, recordamos fotografías, reímos y proyectamos. Charlamos sin decir en ningún momento: "Vamos a hablar de religión". Sin embargo, con relación a conductas y elecciones, al conversar sobre esposas e hijos, familia y trabajo, música y mujeres, hasta lo más cotidiano, Dios influyó esos temas y navegó entre ellos con poder. Sucedió porque, sin hablar de religión, hablamos del Dios de gracia, narramos su soberanía en nuestra vida.

Podemos charlar de familia, confianza, amor y esos temas comunes a todos los seres humanos. En cada diálogo, testimonio, afirmación, nuestro Dios irá expandiendo su gracia hasta cada cerebro, hasta cada corazón.

Y alguien más en este día celebrará la fiesta, recibirá el abrazo, echará fuera a la fiera, sonreirá a las carcajadas y descansará serenamente en la noche.

— De la canción *1,2,3 Fidelidad*,
del disco *Puentes para madurar*.

INOLVIDABLE TIZIMÍN

Ciudad de Tizimín, México. Marzo de 2002.

Era nuestro primer viaje a México, sobre el final de la gira de *No es cuestión de suerte*, que ya llevaba dos años. Para nosotros, el *país Mariachi* era algo muy pendiente porque es cardinal para el mercado de la música latina: México es casi tan importante como todo el resto, con relación a la cantidad de consumidores de música y, en especial, de música cristiana. Como toda primera gira a un país, y más aun en uno tan extenso como este, íbamos intensos. Teníamos una cantidad de conciertos ya confirmados y hacíamos cerrar, incluso con *Negro el 22*, los que no lo estaban. Era casi un pretexto para que, antes de que el disco terminara su rotación, desembarcáramos en el suelo de Emiliano Zapata y Enrique Gómez Bolaños. Así fue. Tocamos un par de veces en el Distrito Federal. Fueron conciertos medianos, de no más de dos mil personas. Grata fue la congregación que nos abrió las puertas y mullida la atención que nos brindó la casa y la familia del pastor.

Entramos sigilosos en México, sin pompa y con pigmeas noticias de que Rescate estaba allí. Iniciamos un recorrido que abarcó todo el sur. Punto de partida, el D. F. Punto final, Cancún. Entre uno y otro hay 24 horas en automóvil. Nosotros andábamos en una camioneta, cargada con los equipos,desprovista de amplitud. Viajamos, oramos, seguimos, dimos gracias a Dios. Estuvimos en diferentes estados y ciudades: Minatitlán, Tabasco, Comalcalco y Mérida, una especie de cepillado al suroeste mexicano hasta llegar a Cancún, en la península de Yucatán. Fue muy dura esa gira, de las más sacrificadas que conocí. La alta temperatura era aún más sofocante en las carreteras, sobre las que imprimimos viajes interminables de 12 o 15 horas. Un día llegamos a viajar 17 horas en un micro, que luego se rompió y quedó a la vera del camino. Tanta travesía nos dejó experiencias para varios asados, millas de anécdotas para otro libro.

Llegamos a la zona de Cancún. Nos esperaban un concierto en Mérida y otro en Tizimín. De camino, nos percatamos que pasábamos a solo veinte minutos de las ruinas de Chichén-itzá, uno de los principales testimonios de la civilización maya, sino el mayor. Decidimos visitarlas. Por ser arquitecto, viví un momento particularmente histórico. Estar en una pirámide, entre esas ruinas ancestrales, palpar el legado de la América original adquiría para mí una dimensión increíble; además de saber que nosotros, a punto de tocar, estábamos conociendo de pasada, sin saber que estábamos tan cerca, aquello por lo que, por ejemplo, el turista anglosajón paga mucho dinero. Fue una escala más que especial, casi tanto como un gol de Rosario Central, el equipo de mi predilección.

Destacada ciudad de Yucatán es Tizimín, a 30 minutos de Chichén-itzá. Los pobladores de sus ochenta y seis comunidades se dedican, entre otras cosas, a la agricultura, la ganadería, la apicultura y la pesca. Costumbres autóctonas, trato gentil de su pueblo y perfume a tesoros arqueológicos perfilan a la que algunos llaman *Ciudad de Reyes*. Y a Tizimín llegamos los *Reyes En Servicio de Cristo Ante Tiempos Extremos*. Se nos figuró que no habíamos salido de las ruinas pues era un pueblo bien antiguo y de conquista. Su trazado urbano lo demostraba: la plaza circundada por la iglesia católica, una clase de comisaría, el correo, los edificios públicos. Todas las casas son típicas y bajas, del siglo pasado, de cultura colonial. La construcción de la citada iglesia data del año 1200. Una piedra tallada lo atestigua.

La gente también tiene ese sabor atávico. Tizimín transpira ausencia de jóvenes. No los hay, no los reclaman, está lleno de viejos, oxigenado solo por el fresco matiz de algunos niños. Como en tantas partes del mundo, los jóvenes emigran temprano, para quedar a salvo de la mordedura del pasado y el estancamiento. En ese pueblo del interior profundo de México, habitado por unos 17 mil pobladores, me pregunté: "¿Quién nos trajo acá?" Es raro encontrar a una persona que tenga mente abierta y moderna como para llevar a una agrupación de *rock* a un pueblo cuya catedral data del 1200. Cuando vi a los hermanos y las hermanas de la congregación que nos habían ido a recibir, pensé: "Cuando escuchen nuestro primer acorde se van a espantar".

El sector dónde haríamos el recital estaba en el corazón mismo de Tizimín. Era el predio contiguo a la iglesia católica, en la plaza. Aunque el equipo de sonido era precario, las medidas necesarias del escenario habían sido respetadas, gracias a mucho esfuerzo y a un rejunte de estructuras y caños de todas partes. El personal de la empresa de sonido nunca había trabajado para una banda como Rescate, de modo que no sabía cómo armar el sistema ni otros aspectos fundamentales. Entonces, nos pusimos a trabajar nosotros mismos: cableamos, hicimos de asistentes, chequeamos detalles, barajamos escaleras. La hora había avanzado. La gente se acercaba. Comprobamos que eran personas mayores, un homogéneo conjunto de gente adulta arribada a la antesala del *gospel rock*.

Unas trescientas sillas estaban colocadas próximas al escenario. En las primeras filas se sentaron ancianas y muy maduras mujeres. Gordas ellas, con sus canastos y sus característicos vestidos, lucían macizas de hermosura desde sus rostros indígenas. Me pregunté: "¿Qué pensará esta gente que hay acá esta noche?" En la prueba de sonido, sin abrir los parlantes que daban hacia el público sino solo los monitoreos, empezamos a tocar. Una viejecita, dos viejecitas, tres, otra longevita, y otra y otra más, aplaudían, sin que yo pudiera escucharlas. Reitero: probábamos audio pero sin abrir el sonido orientado hacia los espectadores; solo el monitoreo, solo el del escenario, que para nosotros es volumen mínimo. Terminamos de probar. Ignotas a la globalización, las mujeres seguían aplaudiendo y cantando. ¿Un grito de fans? ¿Una canción de adhesión? ¿Un prematuro bis? Nada de eso. Ellas demandaban: "¡Bajen el volumen! ¡Bajen el volumen! ¡Bajen el volumen!" A lo que contestamos: "Ahora no hay volumen. Esta noche habrá volumen".

Era la linda hora de la tardecita, mermelada del sol, cuando me puse a filmar la plaza, el reloj de la Casa de Gobierno y otros edificios de la comuna. Así, entre *traveling* y *zoom*, llegó el concierto. Había unas tres mil personas. Vestido con uniforme de gala y sandalias, el alcalde nos presentó. Sus ropas típicas e históricas nos resultaron insólitas, aunque aun más nos extrañó que nos anunciara con todos los honores. Para Tizimín, nuestro recital era un hecho cultural, como que le entregábamos arte a la ciudad. Largamos con *¿Cuándo volverá?*, seguimos con *La calle* y la gente no saltaba ni aplaudía, apenas tibias palmas al término de cada canción. Estaban extrañados como frente a un desembarco de extraterrestres. Estoy hablando de un pueblo en el que quizás nunca tocó Marcos Witt, por ejemplo. De todas formas, nosotros disfrutábamos el momento, porque veíamos que, sobre todo, los espectadores observaban, escuchaban y analizaban. Cuando entre canción y canción yo hablaba, se producía un silencio de interés.

Al pensar en este distrito de 17 mil personas, al atender que en la plaza estaba presente más del 20 por ciento de su población general, al agradecer que cuando hablaba de Dios escuchaban tan atentos, sé que aquella noche rancias estructuras religiosas fueron rotas, desarraigadas para siempre. Fue una guerra espiritual muy fuerte estar casi al pie de una basílica del 1200, en la que seguramente el cura escuchaba todo mientras el Señor desataba corazones y cerebros. Hasta lo último de la tierra y hasta nuestro espíritu confrontándonos, qué bueno, qué bendición que en un pueblo antiguo, con gente anciana, con esa religión tradicional, haya santos que tienen una visión tan evangelística.

A veces, tanto en América Latina como en Estados Unidos, vamos a tocar a lugares con puestas y sonidos formidables, en sociedades supuestamente más desarrolladas, en iglesias más modernas y revolucionarias, con personas que se definen a sí mismas como grandes evangelistas y etcéteras; sin embargo, muchas veces, terminamos tocando adentro de los templos o presentándonos en conciertos multitudinarios pero de congresos y campañas que solo alimentan la religiosidad y desnutren la visión para la calle.

Aun con sus trabas e impedimentos, los cristianos de Tizimín tuvieron verdadera visión evangelística. Estuvimos en la calle en una localidad que desconocía a los cantantes cristianos mexicanos famosos. Para los hermanos fue como un punto de partida. Para nosotros, otra preciosa confirmación. Aquellos santos nunca olvidarán ese día, tampoco nosotros, más allá de que fue nuestro primer viaje a México. En breve, retornaremos al país de Frida Kahlo a tocar en el D.F., con un contrato ya firmado con una discográfica superior y varios buenos conciertos confirmados. Sin embargo, nunca olvidaremos lo que pasó en Tizimín. Siempre guardaremos el ejemplo, la firmeza, la rectitud de esos intrépidos amigos del paralítico.

MAZATENANGO
Lucas 14:15-24

Hubo un día en Mazatenango.

Hubo un día en Mazatenango, ciudad amiga, capital del departamento de Suchitepéquez, al oeste de Guatemala.

La noche abría estrellas sobre fervores y expectativas. Los corazones palpitaban a la espera de un recital multitudinario, en el que las almas que pasarían de muerte a vida serían decenas, cientos, miles, todas.

El concierto había sido organizado por un grupo de cristianos esforzados que habían invertido en ello horas y horas de trabajo y un grueso puño de dinero. Rescate sería el grupo artístico principal. La iluminación, el sonido, la infraestructura eran distintos a los de siempre. Había una actitud de capitalizar en grande el infinito poder de Dios. Mientras la noche provocaba luces en el cielo, la espera probaba paciencias y corazones.

Mazatenango no estaba acostumbrada a cruzadas evangelísticas así. Tal vez por eso, por la falta de experiencia, por el precio de las entradas, tal vez por ese indeseado aunque real miedo a caminar sobre las aguas, el estadio para tres mil personas estaba ocupado o solo en un tercio.

La banda soporte hizo su música. Los mil asistentes escucharon con atención y respondieron con aplausos. Con el paso de los minutos, llegaron algunas personas más, aunque lejos de acercarse a llenar otro tercio. El inmenso recinto seguía pareciendo estar vacío, incómodamente vacío. Despobladas gradas confrontaban santos. Rescate a escena.

El organizador y presentador era un hombre sobrio, dispuesto, que había comprometido cheques y billetes para solventar cada exigencia que demandaba el evento. Luego del primer grupo, anunció la actuación de Rescate.

Se percibía en el ambiente la sospecha de un trabajo a medias, sin visión y osadía; sin embargo, la noche sugería orden, precisión, entrega.

Subimos a la plataforma. Una vez más comprobamos lo que suele suceder en la mayoría de nuestras presentaciones: el deseo de anunciar con nuestra música las buenas nuevas a los inconversos quedaba relegado por la necesidad de dar aliento a los creyentes, que constituyen la mayoría de los concurrentes. De nuevo, habría que incentivar al pueblo cristiano a la evangelización, animarlos a que dispusieran sus corazones para la predicación. Estábamos ya con las guitarras afinadas, los teclados encendidos, nuestras vidas preparadas para sujetar la noche. Restaban segundos para que nuestro primer acorde llenara el espacio circundante.

El organizador empezó a decir: "Señoras y señores: Rescate de Argentina, una banda que, como ustedes saben, ha elegido la calle como el lugar donde trabajar". Cuando la expectativa crecía y Guatemala pedía a gritos el socorro de Dios, el discurso tomó un rumbo inesperado: "Temo que hemos estado perdiendo esta oportunidad, o que estemos a punto de perderla. Este concierto ha requerido de mucho dinero: por el equipo que se contrató, por las luces, por el esfuerzo que hemos hecho, y no vamos a desperdiciarlo por más que económicamente hayamos tenido pérdidas. A una cuadra de aquí está el mercado, a dos está la feria, y ahí está la gente que necesita oír nuestro mensaje. Así que vamos a abrir las puertas del estadio. Rescate no va a tocar ahora. Lo hará dentro de cuarenta minutos. Vamos a salir a buscar a esa gente. El concierto comenzará en cuarenta minutos".

Un recital evangelístico no es cantar en un estadio lleno de redimidos. Evangelizar en concierto no es usar la música para alcanzar a los ya alcanzados, sino a los muchos que están sin Cristo; es llenar el vacío espiritual de tales personas, es darles un sentido auténtico para vivir. Por eso, aquella noche sentimos que estábamos viviendo un momento histórico, como el relato de Jesús registrado en los Evangelios y que habla de aquel señor que mandó a sus siervos a las calles, plazas y caminos a buscar comensales para su banquete porque los que se esperaba que asistieran no lo habían hecho; y así, la gran fiesta se llenó de borrachos, necesitados, enfermos.

Algo similar sucedió en Mazatenango.

Cuando cientos de creyentes que habían salido al mercado y a la feria a invitar volvieron acompañando a necesitados, enfermos, desamparados, en ese momento fuimos como un estandarte y comprendimos la oportunidad que Dios nos daba. Antes de una hora la audiencia se había más que duplicado.

Dios, mediante su Espíritu Santo, había realizado un hecho portentoso.

Para aquel líder con discernimiento, el fracaso no tenía que ver con dinero. Y aunque el déficit económico se mantuvo, la misión se había cumplido. Y de paso, ese gusto amargo a fracaso había dado lugar al grato sabor del deber cumplido. El organizador, los miembros de su equipo, nosotros, gozamos y agradecimos a Dios el privilegio que nos dio de ser protagonistas de una experiencia inolvidable.

Mazatenango fue otro tramo de lo último de la tierra, otra demostración de que la Paloma viene, la Paloma es fuego.

MILAGRO EN PANAMÁ
LUCAS 1: 37

Pensé tenerte lejos, saber que estás aquí. Tu gracia, al fin, siempre la misma. Como un extranjero yo me vine a sentir. Saber lo que quiero. ¿O me quedo? ¿O me voy? Yo sé donde voy. Y si me dan a elegir, yo no me quedo, me voy. Y si me dan a elegir, yo no me quedo, me voy. Sentir que estás dormido cuando hay que despertar. Tus manos, el abrigo, luz en tanta oscuridad. Como un extranjero yo me vine a sentir.

Panamá. Mayo de 2002.

Por razones de desarrollo y comunicación, tuvimos que viajar a *Expolit*, la exposición de literatura cristiana internacional realizada en Miami. Antes, dimos un concierto en esa ciudad. Tocamos en *Miller's Place*, una organización dedicada a programar actividades juveniles. *El lugar de la calle Miller* pertenece a una congregación, aunque se proyecta más allá de la misma.

Era la primera vez que con Rescate viajaríamos a Estados Unidos y que necesitaríamos visas, porque a partir del 24 de febrero de 2002 los argentinos las necesitamos para ingresar allí. Se tornó dificultoso y complicado que nos las otorgaran pues con tanta gente que se va de nuestro país y tantos ilegales que entran a Estados Unidos todos somos clandestinos potenciales y sospechosos de la veracidad de lo que declaramos que iremos a hacer allá. Por eso, rechazan a mucha gente. Todos los días hay colas interminables de cientos de personas solicitando una entrevista para obtener una visa. Gracias a Dios, dentro de Rescate no era solo una persona la que la necesitaba, sino que éramos nueve. Y gracias a Dios, el milagro se produjo.

Por características o relaciones familiares, a algunos nos concedieron visas de turistas de diez años y a otros de tres meses. Llegamos al país de las 50 estrellas, ofrecimos el concierto y regresamos. Ya teníamos confirmado otro en la ciudad de Puerto Rico, a 20 días de aquel. Los que tenían la visa de tres meses dijeron: "Todavía estamos con tiempo. No tenemos que sacarla de nuevo porque vence en agosto". Así, emprendimos el nuevo viaje tranquilos, en la certidumbre de que nuestros papeles estaban en orden. Sin embargo, nos encontramos con el beso de un cataclismo caprichoso.

Yo volé una semana antes. Entré por Puerto Rico, fui a Miami y cumplí con diligencias del grupo, razón por la que me había anticipado. El plan era retornar a la isla un miércoles. Mis compañeros llegarían el día anterior y me esperarían. Nos uniríamos y trabajaríamos duro. De miércoles a viernes teníamos compromisos de prensa en televisión y actividades de difusión. El sábado sería el concierto.

El martes, de acuerdo con lo previsto, yo estaba en Miami. Mientras permanecía en casa de unos amigos, en medio de un clima de festejo, a punto de compartir una cena con ellos, sonó un celular. Era Daniel Heisel, nuestro manager, que me llamaba desde Panamá:

—Ulises, está todo mal. A cuatro chicos del grupo están a punto de devolverlos a Argentina.

Yo no entendía nada.

—¿Cómo? ¿Qué pasó? —le pregunté.

Para entrar a Puerto Rico se requiere la visa americana pues se ingresa como si se tratara de los Estados Unidos.

Daniel me puso al tanto sobre el ojo del huracán:

—Hicimos una escala técnica en Panamá, solo un trasbordo. Cambiamos de avión. Al abordar, la persona que chequeaba los pasajes tomó los pasaportes de los chicos de Rescate y se dirigió a uno:

—Usted no tiene visa para entrar a Puerto Rico.

—¿Cómo que no tengo visa? Tenemos visa de tres meses, hasta agosto.

El encargado revisó las visas de los otros y nos señaló un párrafo que nosotros nunca tuvimos en cuenta:

—Sí, pero aquí esta visa aclara que tienen una sola entrada; es decir, tienen tres meses para entrar una sola vez. Y en mayo ustedes ya hicieron uso de esa, de modo que no tienen visa. Si llegaran a Puerto Rico en estas condiciones serían devueltos a su país. Así que les recomiendo que mañana, a las once, tomen el primer vuelo a Buenos Aires y el problema quedará solucionado.

Daniel agregó:

—Casi no pudimos reaccionar. Ulises. Andá consiguiendo un bajista y un tecladista.

Los afectados eran el bajista Marcelo Tega, el tecladista Pablo Bauza, el percusionista Walter Caballero y nuestro operador de sonido, el ingeniero Pablo Sciola.

Loco siempre seré, aunque digan
que soy loco te seguiré.

El cataclismo besaba el ánimo. Les dije que no se volvieran a Buenos Aires y que en cambio explicaran a la aerolínea que, en realidad, el contratiempo era responsabilidad de la embajada porque nunca nos explicaron ese punto.

Era la verdad. Quisimos tener todas las cosas en regla para no poner en riesgo nuestro ingreso. El plan continuó. Los chicos pasaron la noche en Panamá. Al día siguiente, pidieron una entrevista con el cónsul estadounidense.

El personal de la aerolínea les decía:

"Ustedes son locos. Olvídense de seguir este viaje porque las visas americanas se otorgan a los ciudadanos en el país de origen".

Daniel, Walter, Marcelo y los dos Pablos les manifestaron que retornar a Argentina para completar el trámite de visas les demandaría, por lo menos, 15 días, debido a la cantidad de argentinos solicitantes.

"Tenemos el concierto ahora", hicieron ver.

Debieron aguardar un día y medio. En el banco pagaron a la embajada de Estados Unidos un tipo de tributo obligatorio para obtener una entrevista, independientemente del resultado. "Entrevístense si quieren con el cónsul. De seguro, es imposible que les otorguen una visa", les pronosticaron.

Era cierto. El día de la audiencia desfilaba gente de Panamá y de otros países sin que les otorgaran visa.

Llegó el turno de los cuatro músicos de Rescate, siempre con Daniel Heisel como complemento magistral. El cónsul:

"Es imposible que pueda darles una visa. El trámite tienen que hacerlo en su país. Lo único que puedo hacer es enviarlos con una nota para que mi colega en Argentina no interprete que ustedes quisieron ingresar ilegalmente a Estados Unidos. Lo lamento".

Sus palabras fueron como una angina de alambre de púas.

Daniel dio un paso al frente. Para los efectos del trámite, no tenía por qué hacerlo. Las entrevistas son personales y él ya tenía su visa. Sin embargo, ilustró al cónsul acerca de Rescate:

"Nosotros somos una banda de música cristiana. Si estos cuatro chicos no tienen su visa, el resto del grupo no podrá seguir y tenemos compromisos en Puerto Rico. Hoy mismo ya estamos perdiendo tareas de prensa. Asimismo, no creemos ser responsables de esta negligencia de la embajada y de la aerolínea que nos permitió salir de Buenos Aires. Sé que lo que usted nos dice, razonablemente, es cierto, y que lo que le solicitamos, es imposible. Pero le ruego que le pida sabiduría a Dios, que sea sabiduría divina la que usted use para tomar esta decisión".

Quiero, yo quiero, yo quiero llegar, pero no puedo sin Vos, no va.
Quiero, yo quiero, la tierra tomar pero no puedo sin Vos, no va.

Quiero, yo quiero, yo quiero cruzar, pero no puedo sin Vos, no va.
Quiero, yo quiero, la tierra tomar pero no puedo sin Vos, no va.

Media hora después, llamó una voz impersonal:

"El grupo de argentinos, por favor".

Miradas cruzadas y encrucijada directa, palpitaciones récord y columnas de nube y fuego. Cada uno sabía que solo Dios podía persuadir al cónsul. Y una vez más el mar se abrió: les otorgaron un ingreso más a Estados Unidos, una visa de una sola entrada para que pudieran cumplir su compromiso.

Entretanto, yo estaba en Puerto Rico y la isla entera era una cadena de oración, lo mismo que Argentina, con nuestros familiares a la cabeza. Un montón de intercesores rogaba que el milagro se produjera. Cuando el prodigio aterrizó, hasta el personal de la empresa aérea quedó pasmado.

"Lo que ustedes lograron es un imposible, una locura que como argentinos hoy tengan una visa otorgada en Panamá".

Mis compañeros tomaron el avión. Por la noche viajaron a San Juan de Puerto Rico y los recibimos en grande. El día del milagro de las visas era también el del cumpleaños de Pablo Bauza. Festejamos su nuevo año, el trámite con final feliz y, por sobre todo, celebramos a nuestro Padre triple Santo, tan grande como para adorarlo, tan cerca como para palpar su amor. El concierto del sábado supo a milagro. De estar todo perdido pasó a ser un gran momento, una fiesta grossa; algo similar a lo que pasó con cada uno de nosotros: estábamos afuera y hoy somos conciudadanos de los santos y miembros de la familia de Dios.

— De la canción *No me quedo (Me voy)*,
del disco *Quitamancha*. © Copyright 2002

— De la canción *Loco*,
del disco *No es cuestión de suerte*.

— De la canción *Tomar la tierra*,
del disco *El pelo en la leche*.

SIETE NEGRITOS

MATEO 19:13-15 ; MARCOS 10:13-16 ; LUCAS 18:15-17

Ciudad de Arecibo, Estado de Puerto Rico.
Junio de 2002.

Puerto Rico es una isla que en dos horas se puede recorrer de costa a costa y de punta a punta. Aunque estábamos al otro lado del Mar Caribe, gozábamos un paraje a 200 metros de las cristalinas aguas del Atlántico, una costa agreste, tierra de palmeras, constelada de rocas. El mar, de un espléndido turquesa, era bravo, bien bravo.

Otra vez como tantas, nos enfrentamos con un grupo de locos. Porque algo particular que nos pasa es que cuando llegamos por primera vez a los países nunca corremos *con el caballo del comisario*, de acuerdo a un modismo argentino. Normalmente, quienes se han fijado en nosotros y terminaron abriéndonos alguna puerta fueron algunos locos que, en su mayoría, tenían muy pocas posibilidades y tomaban el hecho de que Rescate esté en sus lugares como un gran milagro o como una quijotada.

Llegué cargado. Era la primera vez que arribaba al tramo de un tour para tocar con Rescate pero sin la banda. Viajé unos días antes. Tuve que ir a Miami. En principio, cuando aquel día miércoles yo llegara, el resto del grupo tenía que estar ahí desde hacía 24 horas. Teóricamente, mis compañeros estarían esperándome en el aeropuerto. Eso no sucedió, porque cuatro estaban demorados en Panamá. Así que llegué solo, apesadumbrado por el problema que vivíamos con ellos y toda la incógnita sobre si sería o no posible nuestro concierto en Puerto Rico.

Fue a buscarme el pastor y su esposa, un matrimonio joven y simpático. Los dos, muy trabajadores. Él era un hombre sencillo, de físico pequeño, trigueño de tez, con trazas de laborioso. Es más, nunca supuse que era el pastor hasta que me lo dijo, porque él mismo manejaba el vehículo. Cuando veo que no hay intermediarios para esas determinadas tareas duras, me doy cuenta que algunos siervos de la organización patean el centro y van a cabecear el gol. Es decir, hacen todo.

Desde San Juan, viajamos más de una hora hasta Arecibo, una

localidad en el noroeste del país. Llegamos hasta una casa simple, austera. Percibí que había un franco deseo de recibirnos bien, de servirnos, de darnos todo lo que tenían. Aún faltaban largas horas, demora mediante, hasta que la banda lo comprobara.

No era generoso el lugar donde dormiríamos, lo haríamos un tanto hacinados, mas los colchones ya estaban armados. Tampoco descuidaron los alimentos: había un plato de habichuelas envuelto, listo para ser comido. Las habichuelas son lo que en otros países se conoce como frijoles o porotos. También había arroz y refrescos. La vivienda estaba preparada para recibirnos. Se notaba que era todo lo que tenían. En cada cama y cada colchón, teníamos un juego de toallas, todas diferentes. Quizás habían traído algunas desde su casa, lavadas y dobladas allí. Teníamos una atención del tipo *apart hotel* pero por parte de personas que se habían juntado para darnos todo lo que tenían. Era como bolsas de rocas sobre mi espalda, mi conducta de ser amable porque no tenía deseos de charlar. De repente, me encontré con gente colmada de fe y pasión, que estimaba mi presencia allí como la respuesta de Dios a su oración: es posible Rescate en Puerto Rico, a pesar de todas las trabas.

Era una noche calma, estrellada y cálida. Yo estaba sentado en una galería, acompañado por el pastor, la pastora, otros líderes de la congregación, adolescentes y niños. Eran los hijos de estos hermanos, un grupo de seis o siete chicos, entre ocho y trece años. Me senté y espontáneamente se sentaron, me rodearon y se quedaron ahí, mirándome comer, tomar, hablar, todo lo que hacía, una pesquisa de querubines. Aunque tenían mucho para hacer, todos dejaron sus tareas y se sentaron a mi lado como para atenderme. Me sirvieron comida, sonreían, conversaban, hablamos un poco de todo. Sabían del problema que teníamos con Rescate en Panamá, pero parecían conocer el final de la historia. No estaban alterados ni tan preocupados como yo, que sabía que corríamos el riesgo de no poder tocar.

Así que apareció una guitarra. Puerto de la luna, rico aquel estilo, ya era como la una y media de la madrugada. Yo estaba complicado con el horario pues había viajado muchas horas. Estaba cansado. Alguien levantó mi plato de la mesa, alguien puso la guitarra entre las manos, y otros me dijeron: "Bueno, a ver, cantá algo". Uno de los chicos especificó: "Cantá esa canción que se llama *Tú conoces*, la que le hiciste a tu esposa". Tendría once años, aquel negrito plástico y gracioso. Pensé: "¿No puede ser que un morenito del interior de la isla de Puerto Rico sepa parte de algo que me pasó a mí? Es parte de la historia". Me puse a cantar la canción, muy simplemente, con la tenue maravilla de las seis cuerdas. Los siete u ocho niños corearon la melodía, toda la melodía. Mientras yo cantaba, me seguían, cantando toda la letra. Mi asombro creció porque no es de las canciones más conocidas de Rescate; sin embargo, la tocaban y la cantaba la pastora, los hermanos y cantabán los nenes. Aun en este planeta sanguinario, siempre habrá rastros de la gracia mientras un niño cante.

Tú conoces, acorde final. No pude dejar de expresarles lo bendecido que me sentí por esos chicos. Vinieron a mi mente las palabras de Jesús: "Dejad a los niños venir a mí...". La Paloma me permitió ver otra faceta. Creo que el Señor no les dijo a los apóstoles: "Dejen que los niños vengan a mí porque ellos me merecen, o déjenlos que se me acerquen así les firmo autógrafos". Jesús afirmó: "Dejad a los niños venir a mí, y no se lo impidáis; porque de los tales es el reino de Dios". Muy probable, que Jesús iba a recibir bendición de los propios chicos, algo como: "Dejen que vengan porque yo los necesito". Bajo ese aire caribe, vi esta otra interpretación. También yo necesitaba tal confortamiento. También yo fui animado por su pureza, por su falta de protocolo. Algunos se quedaban despiertos, otros se caían de sueño, ellos estaban ahí porque querían. Dios trajo de nuevo a mí aquello de: "Es mi voluntad que vos estés en este momento acá". Y cuando todo era incertidumbre, me dio la tranquilidad sobre lo que iba a venir: "Andá a dormir en paz, que de lo que está pasando en Panamá me estoy encargando yo". Los chicos reforzaron la fe.

Después, la banda llegó. Claro que a los chicos los teníamos como monitores, siempre formaban parte de nuestras historias. Desde correr una carrera al mar, probar sonido o comer, siempre esos *ministritos* de mirada transparente revolotearon alrededor nuestro. Me parece que el sueño de los nenes de tener a

Rescate en su país y ese lugar, era el sueño que potenciaba las locuras de sus padres. Porque nosotros habíamos terminado de grabar *Quitamancha* y les hicimos escuchar en exclusiva el reggae que cantamos con Mark Mohr, el cantante de *Christafari*. Para los puertorriqueños ese género es fundamental. Son muy *reggeros*, les gusta mucho. Y propusieron: ¿Papá, por qué el año que viene no traemos a Rescate con Christafari para el Día del Niño?". Con una sonrisa de aprobación, su padre respondió: "Estaría bueno, sí, sí". Estábamos a dos días del concierto y ya planificaban lo que podrían hacer el año entrante. Estaban endeudados hasta la cabeza, con compromisos económicos surgidos para el recital, y ya pensaban otra locura. El *dejar que los niños vengan a mí* fue algo tremendo.

Volvemos a la gente común, a la certeza de que si estamos con el corazón dispuesto podemos recibir una bendición a la medianoche en un lugar despojado de protocolo, limpio de ortodoxia, y después de haber tocado en un gran concierto, en un estadio de béisbol y haber conocido al mismo Yiye Ávila. Sin despreciar las demás cosas lindas y muchas perlas que tuvimos en nuestra visita a Puerto Rico, como por ejemplo haber tocado en un programa secular líder, cuando paso en limpio lo vivido, revalorizo las experiencias con la gente común, esas que son las que me quedan como las más importantes.

Soy una palabra que va por tu camino, una palabra que va y no volverá, que buscará en el amor su propio destino. Una canción que al final te encontrará.

Al terminar un trabajo ahí, en lo último de la tierra, siempre me viene a la mente que la semilla sembrada permanecerá porque, hablando de los niños, esa es tierra fértil. La Palabra de Dios nunca vuelve vacía. No sé si ellos serán grandes hombres del Señor o adictos, adoradores en espíritu y en verdad o ladrones. Lo que sí sé, sin dudas, es que en algún momento, cuando reposen su cabeza sobre la almohada, aquellos momentos regresarán, como vuelve a nosotros la memoria de si nos maltrataron o nos acariciaron.

Por aquellas horas recordé que cuando Rabito se iba de

Argentina, para no volver en mucho tiempo, tocamos juntos y me dijo: "Yo a vos te tendría que haber conocido dos años atrás". "No", le contesté, "yo te conocí hace cinco años; lo que pasa es que esa vez vos solo me firmaste un autógrafo".

Hoy, veo esos caminos de Dios en mi pequeño hijo, que toca la batería, quiere tener una banda, ser músico y hacer cosas. Veo que lo que vamos dejando en los chicos puede marcar pasiones y libertad o religiosidad y cobardía. A veces, los adolescentes dicen: "Si este flaco pudo hacer esto, yo también lo puedo hacer". De diversas maneras, influimos vidas. Haber dejado una semilla en el corazón de esos sietes chicos, bien valía la pena el haber viajado hasta Puerto Rico aunque tuviéramos problemas en Panamá y aunque en el concierto central ninguna persona se haya decidido por Jesucristo.

— Ver el capítulo *Milagro en Panamá*
— Ver el capítulo *La gente común*
— De *Mi canción*, del disco *Quitamancha*.

COLOMBIA/VENEZUELA

Huele a comida, a fruta madura, huele a café. Su centro urbano es un manojo de ferias y puestos, callejeros puestos donde cosas se venden, cosas sorprenden. En sus pasos se agolpan las ferias, en las ferias conquistan aromas, espesos perfumes a fruta tropical, piña que es ananá, durazno melocotón, un regadío de nombres, una latinoamericana delicia encendida.

Calles huelen a fruta, pueblos huelen a *Gabo*, inmortalidades rociando a Macondo. Es Colombia, es Medellín y palomas, Cali y Bucaramanga, Cartagena y Barranquilla, Cúcuta y Bogotá, son los cafetales moliéndose en cortejo para la Colombia amada. Tierra abrazada por el Pacífico y el Atlántico, patria de los indígenas, los campesinos y los obreros, laceración de un hambre que mata más que las balas, pueblo víctima de una guerrilla.

Medellín es mediterránea y tanguera. El poder económico se exhibe cruel en contraste con la naturaleza y la gente simple. La grande Cali es más homogénea, menos disonante. Pero el tango en Medellín suena a los cuatro vientos y Carlos Gardel perdura como una asignatura multitudinariamente aprobada. Todos saben, todos cantan, todos laten el género de los arrabales.

Colombia en su fuego, Colombia en su sed de paz, Colombia querida.

LIVING ON THE FRONTLINE

Ciudades de Colombia y Venezuela. Ciudad de Miami.
Agosto de 2001.

Bienvenidos a un cenáculo con los peligros.

Fue una gira de varios días, que comprendió siete conciertos. Comenzó en ciudades colombianas, siguió en venezolanas y culminó en Miami. Días antes se jugó la *Copa América*, un torneo de fútbol trascendente para todo el continente. La actuación de la selección argentina generó muchas expectativas porque, además de su trayectoria, iba primero en las eliminatorias del Mundial Corea-Japón 2002. Era el equipo de Marcelo *el loco* Bielsa, una máquina de ganar, el equipo a vencer. Por eso, cuando Argentina dio la negativa de ir a jugar ese torneo, alegando la ola de violencia estallada en Colombia, la polémica también explotó. Eran los días en que estaba a punto de romperse el pacto entre las Fuerzas Armadas Revolucionarias de Colombia y el gobierno. La guerrilla no daba tregua y nosotros, casi de repente, emprendimos esa gira por Cali, Bogotá, Medellín, Cúcuta y Bucaramanga. Nuestras familias se unificaron en un vehemente discurso: "¡Políticamente, Colombia está en llamas. La misma selección argentina no viaja y ustedes van a viajar y se la van a pasar dando vueltas en aviones en un país donde hay tanta inseguridad!"

Como argentinos, estamos muy bien entrenados para hacer ese tipo de recorridos, porque también nosotros vivimos en un país inseguro. De todas maneras, los conciertos y su organización siguieron adelante. Descansamos en que la señal de Dios para que nosotros fuéramos era que las puertas se abrirían. Partimos. Como nunca, escribimos mensajes electrónicos y hablamos por teléfono, porque desde Argentina nuestros familiares requerían información. A través de los noticieros, día a día se enteraban de lo que sucedía en Colombia y querían saber por dónde andábamos y si estábamos bien. En todo ese ambiente tercermundista, vivimos algo especial, más fuerte que el miedo y la inseguridad: vivimos la pasión de cristianos que, a pesar de atravesar momentos críticos en su nación, tenían poderosa pasión evangelista. Aun entre los peligros y el bufido de la muerte, llevaron a cabo calientes y beneficiosos conciertos. Hubo gran esfuerzo en esas personas por realizarlos. Dieron todo de sí. Aunque ni las puestas ni los sonidos fueron óptimos, vimos sus corazones evangelistas dispuestos. Los mismos muchachos cristianos que fueron a los recitales tomaron la ocasión como una oportunidad mayor.

Pasó algo medular. Fuimos a Cúcuta, una nerviosa zona roja, de las más difíciles entre Colombia y Venezuela. Desde allí cruzamos a un concierto en San Cristóbal, ciudad venezolana casi fronteriza. Por falta de presupuesto, de conexión y otras cuestiones, tuvimos que atravesar la frontera por tierra. Eso no nos pasó en Colombia, país dentro del que nos manejamos por vía aérea, a causa de la guerrilla y de los riesgos que implica andar en las rutas. Sin embargo, esta vez fue diferente y transitamos un paso fronterizo tremendo. Lo hicimos en taxis, autos marca Buick, Chevrolet Cavallier, Ford y Lincoln, vehículos americanos de las décadas 70 y 80, las del esplendor del petróleo, una provechosa época para Colombia, y Venezuela en particular. Como los resabios de aquel tiempo, ahora esos autos están rotos, pintados de colores repentinos, con las gomas traseras patonas, reformados *a la latina*. Y como el combustible es tan barato en Venezuela, el más barato del mundo, aunque esos vehículos gastan fortunas de gasolina, son taxis, las carrozas públicas de una América ultrajada.

El cruce de la frontera fue una situación inquietante y pesada. Muchos pasaban de lado a lado sin papeles. Nosotros hicimos las cosas en orden, a través de migraciones y demás. Llegamos, entonces, a San Cristóbal. Fue más fuerte todavía, porque viajamos a tocar para una iglesia nueva, abierta por el pastor Eliseu Dos Santos, hijo del también pastor y reconocido Satirio Dos Santos. Era una iglesia menuda. Eliseu y su esposa, más apasionada aún, armaron ese concierto con óptica secular. Por eso la campaña de difusión se orientó íntegramente hacia afuera de la congregación, para captar perdidos. Desde que llegamos nos pasearon por programas no cristianos de jóvenes y videos. En uno de ellos, nos entrevistaron llamativas modelos adolescentes, que durante el momento previo a los cortes bailaban frente a cámara. Al irnos del programa, tanto a ellas como a los chicos del elenco los invitamos a participar de nuestro concierto. Eran las chicas casi más vistas de San Cristóbal, porque ese envío televisivo era el referente joven de la ciudad.

Los recitales de Rescate, en general, están nutridos de gente cristiana. Inclusive, cuando llega el momento de presentarnos, muchas veces lamentamos que no haya habido un trabajo de evangelización previo. En San Cristóbal sucedió todo lo contrario. Hasta pensamos, no sin incredulidad: "Esta gente va a fracasar en el concierto, porque la iglesia de San Cristóbal no sabe que Rescate está aquí y los que no son cristianos no conocen la banda". Toda la publicidad anunciaba el show de una banda argentina de *rock*. Fueron favorables el respeto y la buena fama que el *rock* argentino goza en Latinoamérica. Llegó la noche del concierto. Un velódromo fue la locación. Unos tres mil, los espectadores. Más de la mitad, no cristianos. Por su valor espiritual, un concierto fortísimo. Por las tantas personas que aceptaron a Jesús, agradecimos a Dios. Un año después, de regreso a Cúcuta, nos enteramos de lo esencial que fue esa cosecha para la congregación.

Los chicos y chicas de la televisión asistieron a nuestro show. No eran cristianos. Cuando cantamos *Loco*, el penúltimo tema, miramos hacia un costado de la plataforma y los vimos. Los convocamos a la escena, subieron y bailaron con nosotros. Fue increíble. Todo el público los conocía. Terminamos la canción e hicimos el llamado a tener un encuentro personal con Jesús. Al proponer la oración de salvación en Cristo, detrás nuestro los escuchamos repetirla con nosotros. Luego tocamos *Bartimeo (Deja que te toque Jesús)* y ellos, a pura vida, bailaron en el escenario con Rescate, un momento tan intenso como inolvidable.

A la mañana siguiente, zarpamos de nuevo. San Cristóbal-Cúcuta, Cúcuta-Bogotá, Bogotá-Miami. Dos días después ofrecimos el concierto en esa ciudad norteamericana. Fue traumático salir de un país atestado de problemas políticos como Colombia rumbo a Estados Unidos, porque nos trataron como narcotraficantes, sobre todo en nuestra condición de músicos y *rockeros*. De la inmensa experiencia de compartir el encuentro con Jesús de aquellos chicos, al otro día estuvimos en la agresiva situación de que nos palparan por todos lados, abrieran nuestros instrumentos, nos olfatearan perros antidroga, nos obligaran a toda su inspección porque nuestro avión, un vuelo de American Airlines, iba a Estados Unidos.

Curiosamente, diez días después se produjo el atentado a las Torres Gemelas, en Nueva York.

Llegamos al Primer Mundo. Por respeto y para que este capítulo no sea mal interpretado, preferimos dejar en reserva la identidad de la persona con quien estuvimos en Miami. Sea esa u otra, lo clave es lo aprendido. Con mencionarla nada ganaríamos.

Llegamos, pues, al Primer Mundo. Allí no necesitamos apagar el calor caribe con pantallas, allí había aire acondicionado en los templos. Todo estuvo organizado. La *van* nos esperó a horario, nos alojaron en una especie de *apart hotel*, respiramos ese clima de *macroshopping* y otra vez a tocar. En el momento de dar la Palabra, nos vinieron postales de Miami, lugares donde se aglutinan y mezclan decenas y decenas de ilegales de toda Latinoamérica. Llegan con sueños de escapar y zafar de sus miserias. Todos están ahí, todos precisan a Dios. Y nos preguntamos: "¿Nos atreveremos algún día a hacer un concierto en South Beach? ¿Nos animaremos, tal como en el video de U2, a subirnos a la azotea de algún edificio y empezar a cantar de Dios a todos?" Una iglesia de Miami nos llamó mucho la atención porque comenzó a llevarles comida a esa gente y hasta celebra bautismos en la playa. No había sido esa nuestra experiencia. Dos días antes, en Colombia y Venezuela, habíamos estado con santos de corazones calientes por evangelizar. Aquí, los chicos que llenaron el recinto del concierto tenían los pelos pintados, estaban cómodos, a temperatura de 18 grados centígrados, aun cuando afuera la ciudad hervía. Al momento de hablar, dijimos: "La sincronía que en este momento tenemos con el mundo es tan diferente como la temperatura que estamos viviendo. Acá adentro, en este concierto, estamos con 18 grados. Afuera, la ciudad está caliente, a 40 grados".

Esa es, a veces, la diferencia que existe entre lo que pensamos que estamos haciendo desde adentro de la iglesia y lo que el mundo, lo que los chicos, lo que nuestros amigos necesitan afuera. Mientras nosotros estamos adentro con el mejor sistema de aire, afuera hay personas que se están ahogando, que están muriendo. No es una cuestión personal. Es algo que a nosotros mismos nos enseñó.

¿Tercer Mundo? ¿Primer Mundo? ¿Dónde están los beneficios y dónde están los riesgos de todo esto? Dios permita que podamos tener todas las herramientas del Primer Mundo, el confort, las posibilidades, las luces, el sonido, las puestas, lo económico, para ponerlas al servicio de los necesitados. Es una cuestión de decisión. Rescate sabe muy bien que en lugares donde no hubo sonido ni luces ni nada con solo disponer el corazón se logró poner a Jesús en la calle.

— Canción de Eddie Grant, de la que
Rescate hizo un cover durante los conciertos
de los primeros años de la banda.

REYES DESCARGARON CAJAS

Miami

Ciudad de Miami, Estados Unidos. Mayo de 2002

Luego de lo que vivimos en el capítulo anterior, pedimos a Dios que nos dé otra oportunidad en Miami, porque, amén de las buenas intenciones, a veces perdemos la visión o las oportunidades que él nos brinda de quitar la luz de debajo de la mesa y llevarla a alumbrar a los ojos de todo el mundo. Solemos dejar la lámpara a media altura, sin sobresalir de la tabla.

Tuvimos la oportunidad de volver a esa ciudad. Esta vez, con un grupo de personas que despliegan un proyecto juvenil llamado *Miller's Place*, cuyo objetivo es movilizar a los jóvenes hacia afuera de las iglesias y potenciarlos como evangelizadores. Plasman su meta en actividades artísticas, culturales y musicales, entre otras. En cuanto a nosotros, los emprendedores de *Miller's* plasmaron sus ideas instalando nuestro concierto en un *parking*.

En movidas así es cuando entra a tallar hondo el rol de los adolescentes y los jóvenes que asisten. Como aliento y consolidación, nosotros decimos: "Chicos, más que transpirar su propia camiseta y divertirse, utilicen estas oportunidades siendo ustedes mismos herramientas evangelísticas. Ustedes son los evangelistas, no las bandas, ni los pastores, ni los mismos evangelistas; ustedes, ustedes lo son. El hecho de llevar a un amigo a uno de estos conciertos los afirma como evangelizadores". Ese cambio de óptica fue lo bueno de aquel regreso.

Tenemos un amigo llamado Ricardo Loguzzo, algo así como la mano derecha de Luis Palau. Días antes, Ricardo había aparecido en la principal foto de tapa del diario *Clarín*, el más importante de nuestro país. Fue fotografiado cuando alcanzaba una caja de ayuda comunitaria a personas que dormían en la playa, en Miami, durante una gran migración de argentinos, ilegales casi todos. Fue tan bueno que la congregación de Ricardo se haya hecho eco de las necesidades de esa gente, tan integral resultó que no solo le hayan llevado la Palabra de Dios, sino también el pan de cada día. Estos hermanos, además, se contactaron con organismos especiales de asistencia y recaudaron fondos, alimentos, posibilidades. Una vez a la semana iban a Miami Beach para entregar tales cajas.

El día que hicimos la prueba de sonido previa al concierto, en un momento entró Ricardo y nos dijo: "Necesito que me den una mano para descargar un camión que llegó para los argentinos". Terminamos la prueba, formamos un pasamanos gigante de unas veinte personas y descargamos los alimentos que luego fueron distribuidos entre nuestros compatriotas ilegales. Allí recordamos lo que nos ocurrió en agosto de 2001 nuestro deseo de llegar a Miami Beach. Y aunque no sucedió por dar un concierto, sí estuvimos ayudando a descargar aquellas cajas que, al día siguiente, fueron destinadas a ese lugar.

Aunque Ricardo es una persona de años de iglesia, teóricamente de años de tradición, él no pierde la frescura ni la visión evangelística de arremangarse, calzarse una gorra, un jeans e ir a bautizar gente a la playa. Es formidable ese modo de bendecir y una respuesta de Dios. Siempre hay una oportunidad.

A diferencia de los hombres del llamado Tercer Mundo, en Miami las personas viven mucho más cómodas, con más posibilidades, con un pasar sin sobresaltos. Agradecemos a Dios porque, a pesar de ello, sigue habiendo santos a los que ese parcial confort no los endurece ni los insensibiliza frente a los pobres de espíritu y moneda. En todo el mundo, por sobre la hipnosis del lujo y el consumismo, por sobre la mezquindad y las apariencias, sigue habiendo cristianos buenos que tienen atento y calibrado su corazón samaritano. En el sentido solidario de esos cristianos, Miami encuentra su carácter más deseado.

— Ver el capítulo *Living on the frontline*

01 Junto a Enlace Televisión // 02 San Cristóbal – Venezuela (2001) // 03 Marcelo y Satirio Dos Santos (Cúcuta 2001) // 04 Alegría en Puerto Rico // 05 Aguante bajo el agua – Guatemala 2001

01 Ticket Masatenango Junio 2001 // 02 Un break en Cancún (Mexico 2002 // 03 Chichen-Itza – México 2002 // 04 La taquería de Marcelo (México 2002 // 05 El corazón de San Cristóbal – Venezuela 2001

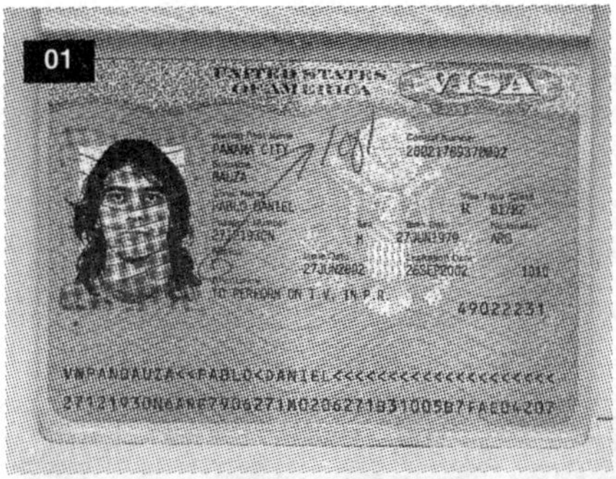

01 Milagro en Panamá. La Visa de Pablo. (qué cara!) // 02- Escala en Bucaramanga - Colombia 2002 // 03- La previa en Boca Juniors - Buenos Aires 2000 // 04- Rescate en el Zócalo. México 2002.

01

02

03

01 Televisión secular en Colombia. 2001 // 02 Loco Guatemala 2001 // 03 Viaje por Guatemala 2001.

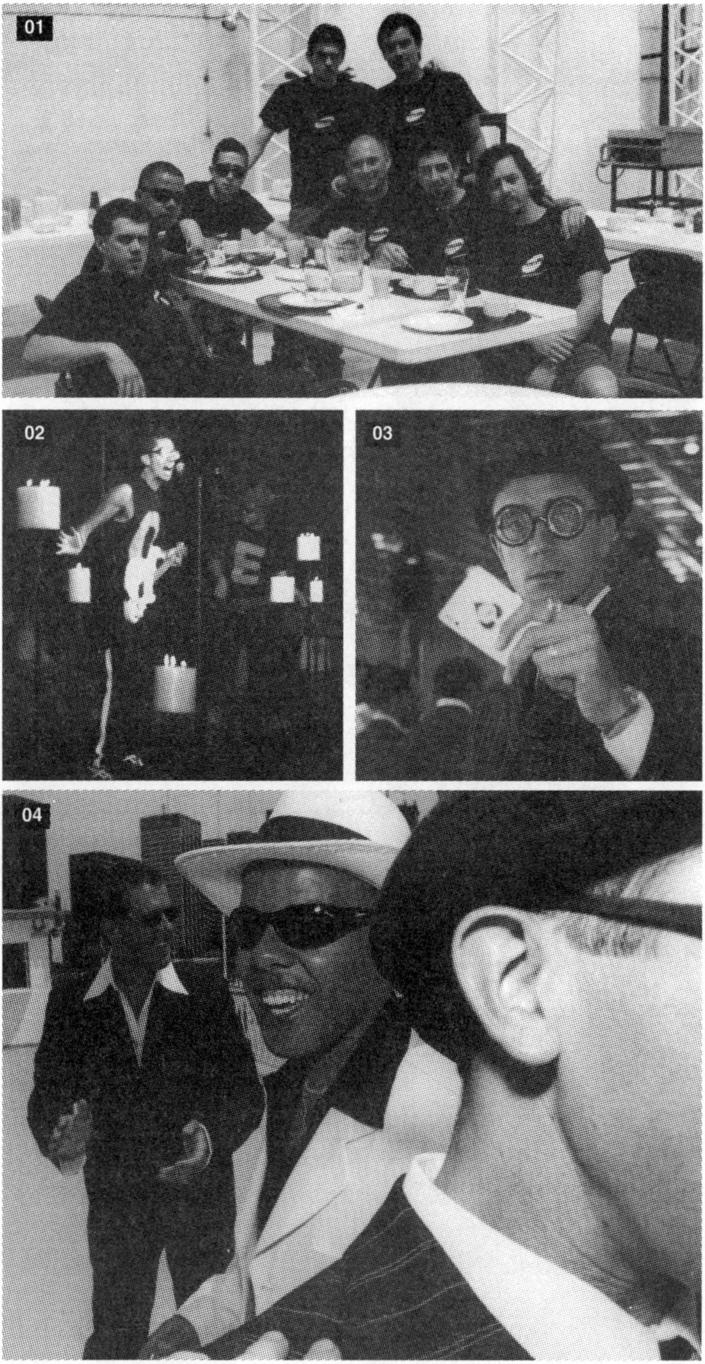

01 Desayuno en Costa Rica (2000) // 02 Velada en Expolit. Miami 2001 // 03 No es cuestión de suerte - 2000 // 04 Rubén. El Negro de Blanco.

SEGUNDA PARTE
LOS AMIGOS DEL PARALÍTICO

Los amigos del paralítico (cotidiano)
Mateo 9: 1-8; Marcos 2: 1-12 ; Lucas 5: 17- 26

Es nuestra identidad. La Biblia le puso nombre a nuestra misión: Rescate somos los amigos del paralítico. Nuestro propósito como banda es poner delante de Jesús a nuestros queridos lisiados, aunque no estemos comprendidos dentro de las estructuras de la iglesia.

Soy de una raza que quiere cambiar, que le incomoda el modelo. ¡Sábelo! Aunque presiento, siento, que el viento no es favorable, aun así confío. Yo no escarmiento.

Rescate somos gente llegando hasta los impedidos. Tenemos la necesidad de entregar algo de Jesucristo a nuestros inválidos y llevarlos hasta él. Tanto nosotros como ustedes, todos tenemos amigos así, que no pueden caminar ni entrar por las puertas de los templos para escuchar, para saber y creer que no están desahuciados, que tienen mucha cuerda todavía. Algunos de nosotros también fuimos paralíticos, otros no. Aquella condición, un terminado tramo de la historia, nos transforma en testimonio: todo lo que hacemos por obedecer la misión específica que Dios nos señaló es algo valedero, pues somos pruebas vivas de la sanidad y la restauración.

No digas adiós, no more, no more. Resiste el dolor, dolor, no more. Dejarte caer, no more, no more. Se puede volver, no more, say no more.

La noche que por fin terminó, la muerte que la vida me da, la cruz que se llevó mi dolor me dio la libertad.

Se termina la noche, se viene la mañana, se acaban los dolores, no more.

Porque la noche por fin terminó, porque la muerte del Salvador nos dio la vida, porque su cruz se llevó nuestro dolor y nos dio la libertad, entonces convivir con enfermos y necesitados nos provoca el impetuoso compromiso de hacer algo por ellos aquí y ahora.

No queremos perder tiempo, ni malgastar fuerzas en batallas de escritorio. No queremos estar regidos por estructuras ni códigos fariseos que nos estorben la obediencia. Somos cristianos y urbanos. Nuestro hábitat está fuera del armazón de la iglesia, nuestra conducta es similar en ambos ámbitos. Tal vez a los ojos de las estructuras parezcamos un grado más liberales, un tanto más *stones*. Muchas veces nos sentimos incomprendidos; sin embargo, llevamos esa conducta a todos lados, estamos acostumbrados a vivirla así. En cierta manera, sin ser convencionales, podemos ser más genuinos. Luego, es obvio, hay personas que a veces hacen cosas en lo secreto, fuera de la vista de los hombres, pero, en definitiva, siempre a la vista de Dios. Eso ya forma parte de cada uno en particular.

El compromiso que aceptamos llega hasta poner a los paralíticos delante de Jesús, tal como en la Biblia. Nosotros no podemos garantizar que vuelvan a caminar, que dejen las sillas de ruedas o las camillas, la autocompasión o la cobardía, los bastones o las muletas, la autojustificación o el silencio según los casos; lo que sí podemos es llevarlos y ponerlos ante quien los sanará. Las decisiones son de pertenencia privada, íntima. Estamos hablando de cuestiones espirituales. Un cambio de actitud es una decisión totalmente interna. Nosotros no podemos meternos allí, ni corresponde que lo hagamos. Como amigos de los que necesitan sanidad, lo único que podemos despertar en nuestros paralíticos es el aliento a cambiar de actitud y dejarse acompañar hacia un estado pleno. En cuanto a que ellos no quieran tomar esa posibilidad, hay que decir que las oportunidades las da Dios, él es el que reparte las oportunidades.

Desde la azotea y con la camilla en nuestras manos, siempre estamos dispuestos. Nuestra conducta es la que convoca que nuestros amigos paralíticos estén una y otra vez delante de Jesús, frente a la oportunidad de tener un encuentro personal con él. Esa es la ventaja de estar y trabajar por fuera de las estructuras.

Nosotros podemos hablar de un Jesús cotidiano.

En el tren y en el bus, en un juego de fútbol, en un concierto de artistas no redimidos, en un bar tomando algo, en el empleo y en las universidades, en el orfanato y en la calle, podemos estar en cualquier momento y en el horario que sea y encontrarnos a Jesús cotidianamente. Ningún lugar es impropio para que Dios salve, sane, restaure, cuando allí hay oprimidos y sus amigos parten el techo y los descienden hasta su Cristo Jesús.

Los amigos del paralítico de los evangelios no esperaron a que el Maestro terminara de predicar. Mientras él todavía hablaba, rompieron el techado. Ellos pudieron discernir y supieron que lo que trascendía de Jesús eran sus milagros, sus sanidades. Entre la curiosidad, el asombro, los prejuicios y el descrédito, las calles comentaban que el Hijo del carpintero le hacía bien a la gente. Se propagaban sus hechos, era su fama la que corría por el mapa.

El rollo religioso, ese disfraz con el que más de una vez se enmascara el enemigo, trascendía dentro de la religión misma. Eran los escribas y los fariseos los que discutían sobre lo que Jesús enseñaba, si blasfemaba o no, la ley puesta en peligro, todo eso que resulta religión y nada más que religión. Al pueblo, a los vecinos, a los analfabetos y sencillos se extendían sus prodigios.

Jesucristo vino a hacer la obra, no a discutir. Lo que él hacía en aquella casa, llena de especialistas en ritos y esquemas, era distinto de lo principal a lo que había venido. Hacía algo que indefectiblemente tenía que hacer, pero su propósito era salvar lo perdido. Para el Mesías, entonces, cualquier momento era oportuno para ministrar salud. Cualquier tiempo en que el techo fuera abierto era apropiado. La verdadera interrupción era la postergación de la sanidad y la restauración, no que tuviera que darle un corte abrupto a su enseñanza.

Algo similar sucedió también cuando dijo: "Dejen que los niños vengan a mí, y no se lo impidan, porque el reino de Dios es de quienes son como ellos" (Marcos 10: 14). En aquel episodio, sus mismos apóstoles discernían que esos chicos interrumpían a Jesús, por eso reprendían a quienes llevaban pequeños para que les impusiera manos y orara por ellos. Al darse cuenta del dislate de sus discípulos, los increpó indignado. Todo lo demás pasó a ser como la interrupción. De acuerdo al corazón del Hijo de Dios, los chicos eran lo importante, lo preponderante.

En cuanto a nosotros, nos referimos a nuestra especie, esta generación básicamente de adolescentes y jóvenes. En lo íntimo creemos y sentimos que Dios piensa que tenemos una gran carga de honestidad. No sabemos si los proyectos o las roturas de estructuras para poner a nuestros amigos siempre resultan bien. A veces son quijotadas, pero a pesar de los errores, lo que Dios avala de nosotros es la honestidad.

Antes de empuñar la camilla o revisar las sogas, aun antes de ir en busca de nuestro amigo paralítico, es muy probable que esa honestidad sea nuestra primera herramienta para llegar hasta lo último de la tierra.

— De *Mi canción*, del disco *Quitamancha*.

— De la canción *No more*, del disco *Quitamancha*.

PARALÍTICOS

¿Cómo poder ablandar una vida tan dura?

¿Cómo poderme frenar en un mundo que apura?

¿Cómo quitarme la mancha que me hace morir? ?

Hay enfermos. El planeta está atiborrado de ellos y de personas con impedimentos físicos. Entre los pacientes de más de 2002 hospitales, niños golpeados, violados, con sus sentimientos hechos triza desde su más tierna infancia. Como consecuencia del maltrato sufrido, un gran número de ellos, a los 14 o 15 años, en sus primeras relaciones sentimentales ven aflorar el montón de tajos, complejos y traumas, el maldito mecanismo de las heridas, un intrincado cosmos íntimo incomprensible para muchos.

Hay enfermos. La calle está desbordada de enfermos. Nenes que nacieron ciegos, chicos con síndrome de Down, chiquitos con la médula sin completar, deformaciones arrastradas desde la cuna o desde el vientre. Ninguno las buscó, ninguno puede explicar por qué les tocó a ellos, a ninguno Dios quiere dejar fuera de la salud integral. Por eso hablamos de oportunidad, de dar la oportunidad.

Hay otros enfermos también, otras enfermedades, muchas invisibles. Hay que considerarlos a todos y cada uno. En relación con los paralíticos, hay más de una compasión: está la espiritual y está la de la carne. Nos duele que no tengan la oportunidad. Eso es lo que nos lleva a preocuparnos. Una vez cumplida nuestra tarea, sea cual fuere su afección, puede suceder que aprovechen la oportunidad, pero si la desaprovechan, eso ya corre por cuenta de cada uno.

Hay pestes que afectan el espíritu, el alma y el cuerpo; sogas que impiden su plenitud. El daño, el pecado, la parálisis nunca dejan de expandirse hasta que se topan con Dios. La cruz es el final de toda dolencia y toda oscuridad.

Entre las muchas maneras de ayudar a los discapacitados está la de evitar compadecerlos, ayudarles por lástima, tratarlos como si nada pudieran hacer, darles caridad por obligación. Con Rescate les cantamos misericordia y gracia no por obligación ni por lástima. Nuestra idea es presentarles la oportunidad, que tengan su chance, al igual que también nosotros la necesitamos y la tuvimos.

Si me lo quitas no puedo seguir,
lo que me das no merezco. Solo tu amor me puede levantar,
solo tu amor nada más.

El paralítico es uno más de nuestro grupo de amigos. Ahí radica la importancia de que se deje llevar. Hace falta que lo hagamos sentirse un igual. Más allá de que tengamos a Dios en el corazón, lo que hace que un paralítico o un amigo que no conoce a Cristo se deje llevar por nosotros es que nos mostremos tan pecadores, vulnerables y necesitados como él. Muchos de nosotros hoy podemos caminar, pero no mucho tiempo atrás estuvimos en su misma posición.

Es fácil encontrar a los necesitados: su lugar es la calle. El paralítico está en la calle, en todas partes. En la montaña, en el mar, en el bar, hasta lo último de la tierra. Convivimos con mendigos y amigos lastimados. La casa de la gente necesitada queda, por ejemplo, en la puerta de los bancos, donde se ve una de las partes más crudas. Claro que hay muchos otros que están abandonados. Cuando vamos a la universidad, o subimos a un colectivo, o trabajamos, o caminamos por la calle, o nos metemos entre los sin techo y sin comida, si tenemos el corazón sensible, Dios nos indica dónde está la necesidad y cómo podemos transmitir su bendición.

La parálisis es un estado, y es variable. Se puede modificar tomando una decisión. Pasar de muerte a vida es voluntad de Dios. Nosotros hacemos música para eso: para que los hombres y mujeres que nunca tuvieron la oportunidad de vivir en plenitud encuentren su cambio de estado. Sin duda, esto es lo que Dios desea para ellos.

Si miro para arriba encuentro la salida.
Libera de la pena y quita la condena. La palabra que siento no se la lleva el viento.

— De la canción *Quitamancha*,
del disco *Quitamancha*.

— De la canción *Amores como vos*,
del disco *Quitamancha*.

SALA DE EMERGENCIAS

Yo no fui un paralítico, quizás fui rengo. El mayor recuerdo que la renguera me dejó es la apatía. Fue como haber renegado de Dios. No sé si por religioso, por acostumbramiento o por impotencia. Más de una vez me sentí atado por las estructuras religiosas y eso me hizo renegar.

En algunos casos, las estructuras estorban. Pensemos un momento en un hospital. Entramos, sabemos que tenemos que pasar por la recepción, anunciarnos, pedir un turno. En un hospital hay requisitos que cumplir, planillas que llenar. Claro, cuando vamos a emergencia, con alguien que se está muriendo, entramos por el sector de urgencias, a los gritos, llevándonos por delante todo lo que se opone a nuestro paso y sin que nos importen ni el protocolo ni la prolijidad. Lo único que nos importa es salvar la vida de quien se muere. Eso es lo central, la prioridad es que la persona viva.

No creo en descartar las estructuras, sino en averiguar su beneficio y desechar las que entraban e impiden que las personas vivan. Los casos de emergencia son un tamiz único como para saber cuáles sirven y cuáles no. En Cristo, los verdaderos buenos amigos del paralítico están capacitados para discernir tal diferencia y romper las estructuras de tropiezo, incluso antes de que la emergencia llegue.

A su vez, estos buenos amigos tienen adversarios: los religiosos. Estos duros enemigos también creen en Jesús, en Dios, también leen la Biblia y oran, sin embargo, su conducta está regida por estructuras, por estériles esquemas de hombres que no repercuten en la redención de personas. De alguna manera también llegan a Dios y tienen su relación con él, pero se afanan en llenar planillas y defender las tradiciones en lugar de colocarle oxígeno al moribundo o subir al paralítico a la camilla para llevarlo a la azotea y romper el techo y ponerlo delante de Jesús.

TECHOS ROTOS, PERSONAS SANAS

MATEO 1:28; LAMENTACIONES 3: 22 - 23

El amor olvidó mi pasado. En la cruz se borró mi pecado. Echa pa' lante que estás vivo. Baila conmigo. Vuelve a empezar, vuelve a empezar. El mundo te aplasta, la vida te gasta, mira para arriba, su mano extendida está. Vuelve a empezar, vuelve a empezar. Te veo cansado, te veo angustiado. La cruz no fue en vano. Ven, dame la mano y va. Vuelve a empezar, vuelve a empezar. No estás terminado, tienes mucha cuerda.

Como amigos del paralítico, nuestra estrategia es poner a Jesús en la posición más esencial posible, situar aquellas palabras suyas en el plano primordial, por sobre todo lo que la religión construyó en torno a él. Se trata de buscar la dimensión de cada frase, porque en el inicio son simples; sin embargo, y como ejemplo, cuando Jesús dice: "Vengan a mí todos ustedes que están cansados y agobiados, y yo les daré descanso", esa palabra *todos* le da una amplitud a la gracia de Dios donde justamente todos están y se sienten contenidos. El drogadicto, el alcohólico, el abusador, el asesino, el agobiado, el cargado, el trabajado, todos. Ya de movida, el texto abre un telón gigante y queda ofrecido al mundo.

"Por la misericordia de Jehová no hemos sido consumidos, porque nunca decayeron sus misericordias. Nuevas son cada mañana; grande es tu fidelidad" (Lamentaciones 3: 22-23). Esta palabra es como decirle al planeta: "Hay pan fresco todos los días". Hoy hay pan nuevo, calientito, el pan del día.

Concerniente a la estrategia, dar este tipo de mensaje a los adolescentes y a los jóvenes es un sol, un soplo de aire fresco, algo que les dice: "Volvé a empezar". Aun cuando hay chicos de 16 o 17 años a los que les parece que muchas cosas para ellos ya están terminadas, canceladas, sin posibilidades de retorno, versículos como los de Lamentaciones 3 les están diciendo: "Perdiste la virginidad, pero vuelve a empezar; te corrompiste, pero vuelve a empezar; robaste, pero vuelve a empezar".

Cuando el resto del mundo nos condena, el Señor nos está esperando con los brazos abiertos. De aquí surge el fundamento para nuestra táctica.

Estrategia tiene que ver con un plan. Los amigos del paralítico de la Biblia en algún momento dijeron: "Vamos a hacer una camilla, porque la necesitamos". Pudieron haberla comprado o haber buscado materiales y hacerla con sus propias manos. Luego planearon: "Iremos a tal hora, subiremos la escalera, romperemos el techo, y entre los cuatro bajaremos a nuestro amigo". Nuestra estrategia se renueva paso a paso. Las previstas llegan a un punto. Luego comienza algo intenso, aventurero: la felicidad de dejarnos sorprender por el Espíritu Santo. Más allá de un itinerario preestablecido, en nuestro recorrido puede haber rutas de montañas, baches, tardes nubladas, noches lluviosas, podemos enfrentarnos con lo imprevisto, con lo repentino. Lo bueno de la estrategia es mantener el punto al cual llegaremos. En los versículos 18 y 19, la crónica de Lucas 5 hace referencia a que los amigos de este paralítico procuraban ponerlo delante de Jesús. Casi una redundancia. En el momento preciso, debe ser importante no perder el objetivo: poner a los necesitados delante de Jesús, no detrás, ni al costado, ni lejos, ni a cinco metros. Eso es inobjetable. Tenemos que saber a dónde queremos llegar.

La estrategia será variable según el medio en que estemos. La meta es siempre la misma: guiarlos hasta delante de Jesús. Las herramientas se adaptan. La camilla de una bailarina clásica es diferente a la de un periodista o un deportista. Hay jugadores de fútbol cristianos, fieles, que juegan todos los domingos. El día del Señor difícilmente asisten a los templos, raramente participan de las estructuras. No obstante, aunque los domingos ese deportista tenga que jugar, Dios le dispondrá otros medios que no solo harán totalmente valedera su relación con él, sino que la gente con la que se conecta y comparte recibirá la oportunidad de estar delante de Jesús por medio de herramientas diferentes a las de los cristianos dominicales.

Creo que Dios se sonríe cuando recordamos alguna ocasión en la que como amigos del paralítico rompimos techos de casas en donde Jesús estaba pero calculamos mal y descendimos dentro del baño, por ejemplo, y no dentro de la sala donde el Maestro enseñaba. Desde el principio supimos que él estaba allí, sin embargo, por nuestras rebeldías, ansias y ganas, subimos a la azotea sin contar los pasos ni a derecha ni a izquierda. Solo ascendimos, tanteamos, rompimos y caímos en otro lugar.

Si surge la pregunta acerca de cuál es el techo de la calle que desbaratamos para bajar a nuestro amigo, en relación con Rescate decimos que con nuestra música y nuestro mensaje rompimos estructuras, preconceptos de la iglesia. Apuntamos a la iglesia no como edificio, sino a lo que esta pensaba acerca de lo que los jóvenes podían hacer en términos evangelizadores, a qué era lo que un joven o un adolescente tenían que realizar.

Cuando hablamos de romper techos, decimos sorprender. Practicar una abertura entre las tejas durante un culto es algo que nadie espera. El techado se rompió. Asombro. Impacto. Exclamación. Sorprender. Maravilla. Por eso, en su momento eso fue lo que hicimos. Hoy en día, cuando lo que hacemos es más usual, ya que hay muchos que lo hacen, otras cosas son las que sorprenden. Hay bailarinas clásicas cristianas, que antes no las había, pintores, actores, músicos. Ya es más habitual que un famoso futbolista convierta un gol y exhiba otra camiseta, por debajo de la de su equipo, que lleva impreso *Jesús Salva*. Sorprender. Tales actitudes de estos hijos de Dios, que sorprenden por lo atípicas, están rompiendo estructuras. En alguna dimensión, dentro de algunos cerebros encapsulados, se disuelven trabas.

Viene bien recordar que la primera herramienta que los amigos del paralítico tienen es hacer que el paralítico y ellos se sientan de igual a igual. Si está en el suelo, tirarse al suelo con él. Es algo inútil hacer las cosas a la fuerza o disimulando una mala gana. En el poder infinito de Dios, el corazón evangelista tiene esa transparencia y esa honestidad, la de hacerse a cada paralítico.

— De la canción *Vuelve a empezar*, del disco *No es cuestión de suerte*.

LOS CAMINOS Y LA SEÑAL

Yo quiero paz, aunque parezca que soy loco suelto; modernidad que se olvidó lo que somos por dentro. Queremos paz, pero no la que se firma en tratados. Quiero tu paz, como señal que seguís a mi lado.

Cierto día, durante los meses de la grabación de *Quitamancha*, hablamos con Juan Blas, nuestro productor artístico de ese disco. La conversación informal surgió entre lo sabroso de un buen asado. En un momento, comenzó a contar cómo había cambiado su vida desde que se transformó en una persona más prestigiosa, menos anónima. Juan Blas ha obtenido varios premios importantes, el Grammy entre ellos. Mientras el asado expandía su olor tentador, allí, como en otros hechos compartidos, hablamos de Dios y acompañamos hasta él a una persona que vivía tormentas. Nos pusimos a su lado y le dijimos: "Estamos igual que vos, Juan. En tormentas. Totalmente igual que vos. La diferencia es que cuando vos vas a tu almohada no te sentís contenido por Dios y nosotros sí, porque cuando le creés a Dios te sentís contenido por él".

La anécdota se conecta con los amigos del paralítico que se encuentran con Jesús por medio de experiencias cotidianas, esa variedad de caminos transitados por todas las personas. Nuestro terreno para predicar a Cristo son las conductas normales, diarias, que se dan en la escuela, en la calle, en el trabajo. Por eso, Jesús es tan milagroso y sorprendente allí, porque las personas, sufran de la parálisis que sea, pueden llegar a decir: "¡Qué loco! ¡No sabía que podía encontrar a Jesucristo aquí y ahora!"

Aquellos amigos bíblicos se subieron al techo y lo rompieron cuando se dieron cuenta que por la puerta de la iglesia no podían entrar. Una cosa distinta a ser *rebeldes sin causa*. Estoy hablando de personas en situaciones atípicas; profesionales por ejemplo, que tienen sus actividades fuera de los esquemas de la iglesia y que en un punto se dan cuenta que esta no puede contener las necesidades de sus amigos. Aman a Dios, quieren llegar a ellos, pero el idioma que hablan y sus formas son diferentes a los códigos suyos. Sería como introducirlos a un lugar donde se practica otra cultura, otra jerga, otro idioma. Por tanto, para poder anunciar a Jesús en el mismo idioma, entendible a los otros, toman ciertas decisiones, arriesgadas a veces, y buscan medios remotos respecto de lo convencional.

Como señal de encuentro, creo que Jesús siempre suple una necesidad en tales personas. A él siempre le interesó salvar vidas y cambiar corazones, pero nunca se desentendió, por ejemplo, del hecho que mucha de esa gente tenía hambre. Sanaba enfermos, pero suplía. Por eso, dijo al paralítico algo así como: "Si bien me entendés, te tenés que salvar". Podríamos transcribirlo como: "Después de que tus pecados te son perdonados, para que sepas que el Hijo de Dios tiene potestad te digo: Levántate y anda". Como señal, Jesús también suple la necesidad, por eso es tan sorprendente.

Y más allá de los milagros que hace Dios, una necesidad hoy es tener paz interior, sin olvidar que a miles en el mundo les falta pan, trabajo, justicia, o salud. Eso es algo que siempre queda dándome vueltas en la cabeza cuando termino de hablar con alguna persona. El Espíritu Santo me alienta a decirle: "Pedíle paz a Dios". Hay seres humanos que lo tienen casi todo pero que no son felices porque no tienen paz.

Estemos donde estemos, así sea habitando la loca erupción de un volcán, si Dios nos da paz, podemos estar y seguir tranquilos. Tener paz interior, más allá de nuestras condiciones del momento, es una señal definitiva de que Dios está dentro nuestro.

— De la canción *Quiero más (La monada)*,
del disco *Quitamancha*.

Claudia. 30 años. Argentina.
clanowk@yahoo.com

Quiero felicitarlos por la presentación en Oberá, provincia de Misiones, en la Fiesta Nacional del Inmigrante. Dios los ha utilizado para bendecir a mi ciudad; que él duplique, triplique y mucho más esta bendición a sus vidas. Fue algo extraordinario. En un lugar donde reinaba el mundanalismo, causó conmoción en la ciudad. Entre mis compañeros de trabajo, fue un impacto. Superó las expectativas de los organizadores. Por la gracia de Dios, quedaron anonadados, sin palabras. Fue el comentario de la semana. Al día siguiente tocaron Los auténticos decadentes. Realmente, decadentes el alcoholismo, la prostitución, la degeneración. Pudieron comparar y darse cuenta a qué es a lo que están induciendo a los jóvenes trayendo un grupo secular. Al terminar, los policías me comentaron de la sorpresa que se llevaron por el comportamiento de los jóvenes y por la actuación de ustedes. Que la gloria sea para nuestro Dios. Sinceramente quiero desear para sus vidas presencia de Dios en abundancia. Me gustaría que regresaran. Los amo en el amor del Señor. Estoy con gozo pleno en mi corazón por el impacto y el testimonio que se pudo dar aquí, mostrando que Cristo vive, que estamos llenos de vida, que somos alegres. Es lo que más le costaba creer a la gente: que en los templos se toque y se cante *rock*. Hasta la próxima. Sigan firmes en este ministerio y que Dios los sorprenda con cosas maravillosas en medio de todos los tiempos que les toque vivir.

Israel. 16 años. Argentina.
luismaidana@radar.com.ar

Somos de Río Grande, Tierra del Fuego. Estuvimos en los recitales de Río Grande y Ushuaia. Esperamos que estén de vuelta. Somos dos de los chicos que los siguieron hasta lo último. Acá está conmigo Marcelo, el que les regaló una lapicera de color verde. Un saludo para todos los integrantes: a *Oveja*, al *Talibán*, a *Peuchele*, al *Negro*, al baterista de 14, al dinosaurio y compañero de batallas Marcelo Tega, al tecladista físicoculturista Pablo y al *chapulín* Ulises.

Catherine. 16 años. Colombia.
caty781@hotmail.com
Me parece bien que estén llegando a los jóvenes que no conocen de Dios y también a los músicos, a otros grupos seculares, que también son parte del plan perfecto de Dios. No importa lo que diga la gente. Lo importante es que ustedes obedezcan la voz de Dios. Oro mucho por ustedes pues no debe ser fácil llevar la vida que ustedes llevan. Lean Proverbios 23:17-18.

Desire. 17 años. Perú.
Les mando saludos desde el grupo de jóvenes de mi iglesia. En la banda de alabanza siempre tocamos sus canciones. Dios los está utilizando de una manera sobrenatural para llegar a los jóvenes del mundo. Oro para que Dios cuide sus vidas y los prospere en todo lo que hagan.

Gisela. 21 años. Argentina.
gentebien_22@hotmail.com
No se olviden de Argentina. Sé que es difícil la situación pero *todo lo podemos en Cristo que nos fortalece*. Me gustaría sugerirles que saquen un compact en vivo y que en su lista de temas para los recitales puedan incluir *Te quiero, Señor*, ese tema es muy fuerte para mí. Última cosita: *La calle* fue el tema que me animó a salir con todo un grupo de jóvenes y predicar la Palabra de Dios y hacer toda una obra teatral.

George. 22 años. Panamá.
Hey, ustedes bendijeron la vida de muchos jóvenes en Panamá. Dios los va a llevar muy lejos con su ministerio. Espero que los siga bendiciendo. ¡Ustedes la botaron! En panameño, ¡qué excelente!

Noelia. 18 años. Francia.
Rescate ¿cuándo van a hacer un concierto en Francia?

Pastor Joel Fernández. 57 años. Estados Unidos.
jajofernandez@hotmail.com
Ruego al Señor por ustedes, para que les siga usando con poder, y muchos jóvenes tengan su experiencia con Cristo. Estoy compartiendo su página con los jóvenes de este estado. Les amo en Cristo.

Familia Romanenghi. Argentina.
fliaromanenghi@hotmail.com
Somos Eric y Mariela Romanenghi, de Córdoba, y queríamos felicitarlos por lo buena que es su banda y lo lindas que son las letras de las canciones. Y porque van a estar junto con La Mosca y Los Super Ratones. Es un logro muy grande para un conjunto cristiano.

Heber. 23 años. México.
Me gustó mucho su música. Fue muy aceptable para mí, ya que no me gusta la música de la religión. Pensé que eran aburridos como todos los que conozco pero cambié de opinión. De hecho, algunas de estas personas me decían que yo iría al infierno y no me gustó la forma como me trataron, pero unos amigos en la universidad me invitaron a un concierto y pude entender que yo también tengo oportunidades para ir al cielo y salvarme, que Dios también murió por mí. Ahorita, estoy asistiendo con ellos a la iglesia.

Julio. 16 años. Guatemala.
batju00@yahoo.com
Los conocí en un concierto en Mazatenango. Nunca había entrado a su página pero me gusta. Es buena y muy especial, atrae jóvenes, y lo mejor: habla de Dios, simplemente lo mejor.

Italo. 26 años. Colombia.
italoreyes51@hotmail.com
Los conocí a través de Melodía Cali -1350 AM. Cuando se presentaron a través de Enlace, Dios me habló por medio de uno de los integrantes de la banda y me ministró sobremanera. De verdad, esa bendición fue trascendental para mi vida. Gracias a Dios por ustedes, que nos dan un ejemplo de humildad, sinceridad y un cristianismo original, sin pizca de religiosidad.

Bibiana
Para mí, ustedes son de los mejores músicos que he conocido en lo que llevo de vida cristiana. Sus canciones nos inspiran a seguir adelante, a ganar a los jóvenes, cosa que nos es más fácil con su música, a saber que Dios es el motivo de nuestras vidas. ¡Por

música como la de ustedes es por la que me siento muy orgullosa del Evangelio y de lo que Dios obra en las vidas!

Adrián. 28 años. Estados Unidos.
adrn614@cs.com
Dios bendiga a cada integrante de la banda. En lo que llevo de mis años cristianos, nunca había escuchado algo así. Me gusta mucho.

Benny. 38 años. Venezuela.
bfve7@yahoo.com / benny@tycom.zzn.com
Los conocí a través de CCN Maracay. Me encantó conocerles en el concierto en Caracas. Me gocé muchísimo. Es una bendición grandísima la que nos da el Señor de contar con jóvenes como ustedes, tan firmes y con un bello ministerio. Todas las letras llegan al corazón de aquel que aunque no ha conocido a Cristo. Estoy segura de ello porque es él quien ministra a través de cada uno de ustedes. Sigan creciendo.

Mauricio (Jhonny Bravo). 17 años. Colombia.
mauricio@Cristianos.zzn.com
Me parecen una banda excelente, muy original, muy loca y con un mensaje super para los jóvenes. Ulises es muy *crazy*. Quisiera conocer más a la banda. Manténganse parados sobre la gracia, como él dice.

David. 15 años. Argentina.
En nuestra iglesia, con el grupo de jóvenes tenemos un grupo de música con buen reconocimiento entre la juventud de Comodoro Rivadavia, ya que hacemos temas de ustedes. ¡Por favor, no se enojen! Todo lo que hacemos lo hacemos *todo para Dios*. No decaigan nunca.

Mache. 17 años. Bolivia.
mache_e_c_c@hotmail.com
Los conocí en el concierto que dieron en La Paz para *Generación de Fuego*. Son un muy buen grupo, incluso mucho mejor que los seculares. Fueron de mucha bendición para los jóvenes de Bolivia.

Natalia. 16 años. Colombia.
Los conocí por el concierto inolvidable *Misión Carismática Internacional*. Agradezco a Dios por sus vidas y su ministerio, y por la excelente música que nos regalan a todos aquellos que buscamos la posibilidad de un grupo con mensaje pero a la vez alternativo.

Luciana. 16 años. Argentina.
arlusan@yahoo.com.ar
Gracias por salir a las calles a transmitir el mensaje de Cristo a los jóvenes. Saludos a todos de parte de los jóvenes de *Cita con la Vida*.

Cristian. 27 años. Costa Rica.
ccoto@orbe.co.cr
Estuvieron en la iglesia MCI, de la cual soy miembro. Son un excelente grupo. La verdad es que han sido una tremenda bendición para mí y mi familia. Su música nos llega directo al corazón. Especialmente canciones como *Primero, el reino* y *Vuelve a empezar*.

Mario. 21 años. El Salvador.
meap@123.com.sv
Lo que más me gusta es su música. En especial, su creatividad y su manera de expresarse. Los jóvenes necesitan gente como ustedes para conocer a Dios.

Yoti. 15 años. Colombia
Me gustó mucho el grupo. Sus canciones llevan mensajes de aliento y reflexión. He tenido problemas con mi papá para volver a la iglesia. Sus canciones son de las que me hacen sentir aún más la presencia de Dios en mi vida. De verdad, me confortan mucho y alegran mi corazón. Uno de mis sueños es cantar como ustedes, en un grupo para la exaltación de Jesús. Espero lograr mi sueño.

16 años. Estados Unidos.
Resulta que mi mejor amiga no es cristiana y nunca pude traerla a la iglesia. Después de cinco años de conocerla, la invité al *Miller's Place*. Aunque la música no le gustó, medio que

se enganchó a todo el ambiente de la iglesia. La cosa es que el 11 de mayo *Miller's Place* cumplía su primer aniversario y lo hicimos a lo grande. Gracias a Dios y a la disposición de la banda, los tuvimos tocando en Miami en un concierto que fue de entrada libre. Invité nuevamente a mi amiga. Al principio no le gustaban las bandas que estaban tocando, pero nos metimos en barra a saltar con los chicos de la iglesia y se empezó a copar. Cuando subió Rescate a ella le encanto la música. Se fue a la casa recontenta. Ahora, me pidió prestados los CDs porque está reenganchada con la banda. Y yo, la verdad, ¡estoy muy agradecida por eso! "Te bendeciré y serás de bendición".

Rommy. Paraguay.
romypfv@yahoo.com
Los conocí por la 102.1 FM Obedirá. Les cuento que estuve en sus conciertos. ¡No saben cuánto me gustó! ¡Indiscutible e indudablemente son los mejores! Es muy cierto eso de que tenemos que ir fuera de las casas, fuera de los templos y ¡a la calle! Porque, sí, ahí es donde verdaderamente hay necesidad de Cristo y los admiro un montón. También, después de leer sus historias, es obvio que son instrumentos de Dios. Nunca se olviden de Paraguay.

Marybell. 25 años. Colombia.
maroma_3@latinmail.com
Los conocí por Enlace Juvenil. Ustedes, verdaderamente, ministran al corazón de Dios. Su música tiene esa unción especial para que aquellas personas que no conocen del Señor queden impactados por sus mensajes. Es el caso de mi hermana Caroll. Saludos de mi esposo y mi hijo.

TERCERA PARTE
LA BANDA

UN SAXOFONISTA EN EL TALLER

Claudio Franco, saxofonista

Nació en la ciudad de Rosario, provincia de Santa Fe, República Argentina, un 27 de enero sobre finales de los 60. Está casado con Francisca. Es profesor de música y estudiante avanzado de licenciatura en saxo.

"Integrar Rescate es una mezcla de alegría y responsabilidad. No siempre estamos todos de acuerdo, no siempre nos sentimos bien. En realidad, lo fundamental es que Dios está en Rescate y cada uno de nosotros lo sabemos, lo sentimos. Es por eso que la banda trasciende al tiempo".

Es un muchacho piola, buen amigo. Tímido para algunos, hosco para otros, exactamente para quienes no lo conocen. Tiene un humor filoso, muy certero, muy artero.

"Más allá de todo, somos privilegiados al estar en un lugar como Rescate, un taller de Dios, un lugar de trabajo, que no mucha gente encuentra y para el que los templos no alcanzan para martillar un yunque. Sin embargo, en Rescate tenemos esa posibilidad de levantarnos cada mañana y seguir adelante, y abrazarnos a veces, a veces mirarnos de costado, pero en definitiva nos queremos y principalmente queremos a Dios ".

Cocina de maravilla y jamás rinde pleitesía a la estupidez. Paga el precio de ser auténtico, cobra altura cuando toca saxo, no hay precio que compre su sinceridad.

"La transparencia y la sinceridad se dan viviendo naturalmente, como somos. Transparencia no es sinónimo de buena conducta. A través de un vidrio podemos ver agua o también ver un manchón de tinta. La condición de transparencia es dejar ver lo que uno es y no estar condicionados a ciertas normas que la gente, la religión y las estructuras dicen que deben ser. Gracias a Dios, no estamos atados a esas cosas".

Caminar los días hasta adquirir la dimensión de su corazón es una pericia de pacientes. El hombre tiene su ritmo, siempre a tiempo, urbano y personal, perspicaz y jamás absurdo. Hay sabiduría en su silencio, hay carcajadas en su integridad.

DIOS ESTÁ SONRIENDO

Rubén López, trompetista

Nació en el departamento de Bella Unión, provincia de Artigas, República Oriental del Uruguay, un 30 de diciembre a mediados de la década de los 60. Está casado con Elizabeth. Tienen un hijo llamado Agustín, y al momento de escribir este libro, otro, viene en camino.

"A veces pienso en qué vio Dios en nosotros para ponernos en un lugar así. Porque hay chicos de la banda que se conocen desde la escuela dominical, otros nunca nos habíamos visto la cara, y esta noche estar juntos compartiendo esto, compartiendo Rescate ... Me pregunto cómo hizo Dios para unir todas estas piezas".

Es uno de esos santos que pueden prescindir de palabras para bendecir a otros, porque la profundidad de su mirada o lo reconfortante de su abrazo o la hospitalidad de su hogar son sinónimas sustancias del amor de Dios.

"En Rescate yo encontré un grupo de familia. Estoy aprendiendo a entender la visión, a vivir una vida en libertad y a sacar a Jesús de dentro de una estructura y llevarlo a la práctica, a la vida normal de la calle".

Es un hombre manso, ordenado, ecuánime, un hombre que sabe escuchar. Ningún paralítico se sentiría a disgusto con él, porque alguna vez renació de entre las cenizas y su corazón fue expandido en misericordia.

"A mi hijo, Agustín, le gustan mucho los rompecabezas. Por ahí, él pierde alguna figura o hay una pieza al revés. Pero la alegría que vive cuando completa todo el rompecabezas es inmensa. Creo que en ciertos momentos, alguno de nosotros también está dando vuelta, o estamos lejos de la visión que Dios quiere para Rescate. Por eso, oro para que cada uno de nosotros nos dejemos juntar por su Espíritu Santo, como todas las piezas de un rompecabezas, y que Dios pueda sonreír después de haber juntado todo".

Institutos y seminarios de Latinoamérica aún están tratando de determinar por qué lo apodan *El negro*. Lo cierto es que cuando en los conciertos de Rescate llega el momento de *Los Santos*, él abre con su fonomímica de Louis Armstrong y todo el *swing* está ahí.

"Si hay una cosa que tengo que agradecerle a Dios al haberme puesto en Rescate, es haber entendido la libertad de vivir una vida normal, despojada de estructuras y de cosas que pone uno. Hablo de dejar que Dios viva en mí y llevar así su vida a la práctica, a la vida sociable".

Rubén sabe acompañar y pedir compañía, descorchar una invitación a comer y aceptar el agua fresca de los amigos. Sabe rendirse a los pies de Cristo.

EL AMIGO DE LA BIBLIA

Marcelo Barrera, guitarrista

Nació en la ciudad de Rosario, provincia de Santa Fe, República Argentina, un 26 de abril. Está casado con Rosana. Tienen tres hijos: Juliana, Federico y Paula. Es profesor de música y un compañero de giras macanudo.

"Rescate es una responsabilidad grande en todo sentido. Primero para con Dios, luego para con mis compañeros de banda, para con la gente, mi familia, para con todos".

En moto o en su Torino, con cero pelo o melena metalera, sus dedos de goma salpican de digitaciones asombrosas a toda la ciudad. Es un virtuoso, con probada historia en varios géneros de la música. Con relación al instrumento, su *performance* en la guitarra lo confirma como el de mayor caudal dentro de la banda.

"A veces pienso en qué cosa he sido fiel, porque dice la Palabra: '... sobre poco has sido fiel, sobre mucho te pondré' (Mateo 25: 21). Y veo que en la banda a todos Dios nos está poniendo en lo mucho. Porque tenemos mucho camino recorrido, pero tenemos mucho más por delante, muchas puertas que se están abriendo. El Señor nos ha puesto sobre mucho. Quiere decir que en algo hemos sido fieles para que él nos ponga acá. Espero que todos sigamos siendo fieles, que nunca dejemos de serlo".

Jamás imaginó llegar a pertenecer a Rescate. Es más, hace varios años, si alguien siquiera se lo hubiera sugerido, lo habría considerado una humorada.

"Por momentos, no sabemos por qué a veces tenemos en alta estima ciertas cosas que Dios no las tiene. Y, en ocasiones, Dios ve algunas otras a las que nosotros no les damos importancia. Sin embargo, por estas cosas, Dios nos pone en lo mucho. Todo eso acarrea una gran responsabilidad sobre nosotros. Es mi anhelo, mi deseo, ser fiel en todo, y no fallar, no decepcionar las expectativas de Dios, las que él tiene conmigo, y para con todo lo que quiere hacer con la banda".

Más notorio que su virtuosismo y su desopilante muestrario de caras, más impactante que su capacidad solista, es su amistad con la Palabra de Dios. Se percibe claro lo mucho que lee y estudia la Biblia. Pasajes enteros conviven en su memoria. Ahí, entonces, aparece esa sabiduría de lo alto como consecuencia natural.

"Desde que me convertí, incluso un tiempo antes, sentí interés por la Biblia, sin saber ni entender mucho lo que decía. Creo lo que dice el Señor: 'No sólo de pan vivirá el hombre, sino de toda palabra que sale de la boca de Dios' (Mateo 4: 4). Tal como alguien dijo alguna vez:'no es lícito alimentar el cuerpo si uno no alimenta también su espíritu', y al espíritu uno lo nutre con la Palabra. Así que es necesario que alimentemos nuestro espíritu con la Biblia. Con otra cosa no podremos".

Marcelo es manso como el vuelo de pájaros atravesando los cielos de países sin guerra, manso como la paz de quien vive en la luz, la luz de Cristo, que es la Luz.

VIVIR DANDO EN LA TECLA

Pablo Bauzá. tecladista

Nació en la ciudad de San Nicolás, provincia de Buenos Aires, República Argentina, el 27 de junio de 1979.

"Como una cuestión global, Rescate es casi un regalo y una muestra de la misericordia de Dios. Porque más allá de los errores que puedo tener como persona, Dios conoce mi corazón y me permite ser parte de este ministerio tan grande".

Es un corazón puro, una esponja Fórmula Uno, incluso cuando llueve y sin cambiar cubiertas. Así que, a veces, su potencia es como desmedida. Tiene el disco rígido lleno de espacio, propio de una persona joven que permanentemente absorbe e incorpora conocimientos.

"A nivel musical es una escuela que demanda mucho. A nivel espiritual, una responsabilidad mayor, porque sabemos que cuando tocamos estamos librando batallas, y cuando terminamos y charlamos con la gente, lo que digamos puede marcar el futuro de una persona para bien o para mal".

Su potencial como músico e ingeniero o técnico de sonido es enorme. Bauza es un chico inteligente.

"Más allá de que me he planteado por qué o para qué estoy en Rescate, mi intención cada vez que salgo a tocar, sea fuera o dentro del país, es cumplir con la voluntad de Dios, cumplir lo que él quería en ese viaje. Es mi gran intriga cada vez que salimos: ¿Para qué Dios me lleva a ese lugar? Eso es Rescate para mí".

Además de los teclados, se encarga de aspectos técnicos esenciales y de coordinar los ensayos de la banda.

"Me preguntaron cómo se siente que Dios me tenga confianza en cuanto a entregarme responsabilidades para la extensión de su Reino y trabajar para él. Conociéndome íntimamente y que Dios me tenga confianza a pesar de eso, me genera tratar de ser mejor cada día. Conozco mis errores. En un punto, no sé hasta dónde puedo llegar a equivocarme. Sin embargo, que Dios ponga en mi mano algo tan importante como es esto, hace que todos los días intente ser mejor y cumplir al máximo de lo que me dé, con su ayuda, lo que él me esté demandando".

Sus dedos tienen memoria, buena, justa, avasallante memoria. Aún queda por descubrir el cronómetro que mida la velocidad de su tracción. Siempre da en la tecla, siempre quiere descansar en los brazos de su Padre Santo.

PERCUSIONES

Walter Caballero, percusionista

Nació un 4 de diciembre en la ciudad de San Nicolás, provincia de Buenos Aires, República Argentina.

"Rescato el regalo de parte de Dios de hace doce años. Más allá de lo que él hizo en mi vida en este último tiempo, hablo de haber conocido a los chicos, de permitirme la bendición de poder tocar, de saber que el Señor ya tenía un propósito y que me había elegido para estar hoy en una etapa esencial de Rescate".

Es un músico, un hombre que sabe aprovechar los sonidos, los metros cuadrados, una fotografía, la experiencia. Walter también es baterista.

"Este tiempo es muy importante para todos nosotros. Para mí, es fundamental. Eso es lo que siento. Hay un antes y un después de lo que Jesús hizo en mi vida y Rescate es una parte primordial en mí".

Tiene muchos años de trayectoria, sobre todo en la música secular, pues aún son recientes sus almanaques como hijo de Dios. La música cristiana se alegró de escucharlo llegar. Desde ese momento, y porque la trata tan bien, ella sabe cada día que él es todo un caballero.

"Como dice la Biblia, creo que muchos son los llamados y pocos los escogidos. Yo me siento realmente un escogido de parte de Dios y sé que también tiene que ver con la fe que profeso".

Tiene toda la bohemia como para imprimir en cada canción, ya sea en recitales y grabaciones, esa gustosa sonoridad que producen timbales y bongos, lluvias y tumbadoras.

"Un día el Señor me dio una frase que dice: 'Ya no hay triunfos si perdés esfuerzo y no hay metas si perdés la fe'. Si acaso me pusieran frente a la encrucijada de tener que elegir entre Rescate y alguna banda secular exitosa, me quedaría en Rescate porque creo que Dios me puso aquí. De todas maneras, soy sensible a escuchar su voz para hacer lo que él quiera".

En su esencia, en todas sus aspiraciones, en su manera de llevar la vida, camina en una sola dirección. Dejó atrás Egipto, dejó atrás la decepción, toma territorios hacia adelante, toma la diaria decisión de obedecer a Dios.

EL COMPAÑERO

Marcelo Tega, bajista

Nació un Primero de Mayo, día internacional de los trabajadores, en la ciudad de Rosario, provincia de Santa Fe, República Argentina. Enseña música, enseña bajo. Cursa los niveles superiores en la carrera universitaria de contrabajista. Tiene una hija llamada Paula.

"Rescate es parte del éxito de estar en la voluntad de Dios, más allá de las circunstancias, de la gente que vaya o no vaya a los conciertos, de los discos que vendamos o no vendamos. También es una responsabilidad delante de mis compañeros, de mi familia y sobre todo delante de Dios, de llevar adelante con nuestro mayor ahínco esto que él nos confió. Me refiero a tratar de hacer lo mejor que podamos hacer a nuestro alcance para devolver, en parte y en forma de agradecimiento, este favor, esta gracia inmerecida que Dios nos dio".

Es un tipo de compañero, maduro, esforzado. Mucho de lo que logró no le vino regalado, peleó hasta la sangre cada paso que dio. Le gusta recitar poemas de tango, acuarelas literarias que pintan el arrabal.

"Delante de cada acción y cada actitud nuestras, están la carga y la responsabilidad de tener la confianza que Dios nos entregó para cada momento. Por ejemplo, cuando uno sufre la tentación, el pecado, lo que parece malo en un lado de la balanza, yo siempre tuve la imagen de Rescate en el otro".

Siempre anda en tratos con Dios y con su bajo, y con su voraz necesidad de comunicación. No es mezquino, es generoso en hechos y en verdad. Nadie que se siente a su mesa se retirará sin comer, porque a toda hora convida su pan y su agua.

"Siempre me pesó, no solo la responsabilidad, sino también la bendición de saber que resulta en buen fruto dejar que el platillo de Rescate pese más. Entonces, aquí estamos, peleando, poniéndole el pecho a las balas. Por sobre todas las cosas, sabiendo que no hay mérito en nosotros, sino en Jesucristo".

Como un árbol vivo, como los alcauciles en su laberinto de hojas hacia el blando corazón, como la idea de la piel que cambia su tegumento antiguo para nacer nueva, tersa como nunca, esplendente como mica; a este hombre de Dios hay que conocerlo a través de sus pliegues, descubriendo que después del vigente viene uno mejor, y al siguiente también, y luego del próximo también, y así hasta agradecer que el Señor derrame tantas bendiciones por medio de él.

EL CORAZÓN DEL BATERISTA LOCO

Sergio Ramos, baterista

Nació un 4 de octubre en la ciudad de San Nicolás, provincia de Buenos Aires, República Argentina. Está casado con Carla y tienen un hijo llamado Francisco.

"Cada uno de nosotros nos sentimos privilegiados por participar de Rescate, este ministerio tan grande, con tantos años, que siembra la Palabra de Dios. Más allá de la música, todos los integrantes sabemos y tenemos bien claro que, verdaderamente, Rescate es de Dios. No tenemos duda. Todos los años que hemos estado empuñando una guitarra, o una batería, o el instrumento que él puso en nuestras manos, vivimos esta convicción".

Aquí y ahora, muerte a lo artificial, bienvenida santa crudeza. Ahora y aquí, palillos dispuestos a batir el rock, palillos libres del baterista loco. Transitó los sobresaltos, atravesó los filos y salió ileso porque Dios se hizo cargo de su vida. Y suele darle gracias en público por sus padres, verdaderos cómplices de *la aventura rescatera* y de su propia aventura.

"En momentos difíciles, como los que pasé en mi vida, siempre hubo una fuerza mayor, venida del cielo, que me hizo conservar la visión y mi fe intactas. Soy privilegiado ciento por ciento por pertenecer a esta propiedad del Señor. También es privilegio que tanto la gente de hoy como la que pasó por Rescate hayamos sido elegidos por él. Dios pone y quita reyes".

Mira directo. Calibra los ojos frontales, determinados, siempre enfilados hacia un lugar. Entre sus cejas tupidas, como tupidos están los parches con sus golpes, mira directo. Y habla como mira. Las palabras salen por su boca empujadas por lo que siente, lo que cree, lo que vive ya, como empujados están siempre sus palillos y listos para desalojar al silencio.

"Cada uno de nosotros tiene un peso muy grande: saber que lo que cantamos, lo que vivimos, lo que hacemos es la Palabra de Dios".

Le gustan las chaquetas negras, la vigorosa paz que encuentra con su esposa y su hijo, y tocar la batería. Lo apasiona blandir los parches. Está favorecido por un oportuno sentido del humor.

"Tocar un instrumento y estar en un ministerio así es evidencia de que, aún siendo nada, fuimos vistos y llamados por Dios. Lo más lindo de todo es saber que somos escogidos por él para hacer Rescate".

Es fácil querer a Sergio. Calidez sin dos caras. Adentro del pecho y afuera de la piel le late un corazón tan sincero como rebelde, esa clase de imprescindible rebeldía que nos diferencia de los muertos.

EL GUITARRISTA EN SU SECRETO

Darío Figueredo, guitarrista

Nació un 14 de marzo en la ciudad de San Nicolás, provincia de Buenos Aires, República Argentina. Está casado con Mariela.

"Rescate es un gran compromiso a la hora de estar arriba del escenario. Tiene que ver con estar comprometidos con las cosas que Dios nos pone en el camino y con hacerlas bien, lo mejor posible, mientras seguimos en carrera con visión de grupo, tirando todos hacia el mismo lado. Cada vez que tenemos que asumir un concierto, necesitamos estar unánimes, en un mismo espíritu e individualmente bien".

Ingresó a la agrupación hace unos siete años, varios después de conocerla. Fiel asistente a sus recitales, la posibilidad de ser su guitarrista recorrió el cosmos pero jamás se detuvo en su imaginación.

"Cuando tenía unos 13 años, mientras empezaba a tocar en las reuniones de mi congregación, Rescate tocaba en San Nicolás. Siempre iba a sus conciertos, con las mayores ganas de crear, formar, tener una banda como esa. Ni por la cabeza se me pasaba tocar ahí".

Quizás no sea un prodigioso pero tiene musicalidad. En ese sentido, es muy sagaz. Darío es el guitarrista que tiene el audio de la banda.

"Me gusta tocar la guitarra. Cuando estoy con el instrumento, trato de meterme a fondo y explotarlo al máximo, de aprovechar todos los recursos que tengo".

Es sincero cuando confiesa que le cuesta creer algunas cosas que Dios dice sobre él. Tal como algunos de sus compañeros lo expresan en otros capítulos, se pregunta en qué cosas el Señor lo habrá tenido por fiel como para ponerlo en algo tan grande como es Rescate.

"Estoy reagradecido a Dios por aceptarnos de esta manera. Cada vez siento más la misericordia en su voluntad y sus ganas de usarnos como canales de bendición. Es muy grande e inmensa su gracia con nosotros al usarnos así. Y digo: Heme aquí, Señor, estoy dispuesto".

Su trabajo urbano le demanda muchas horas. Por momentos, esa dedicación le pelea claridad, le entorpece la serenidad. Aunque la cabeza parezca dividirse como un limón en sus gajos, él sabe bien lo que tiene que hacer.

"Sostén y apoyo encuentro en mi familia. Cada vez que llego a casa y nos juntamos, Rescate y la oración siempre están en nuestros labios. Por supuesto, dentro de la banda, también encuentro el sostén y el compromiso. Cada vez que me involucro más, tengo que confrontarme, tomar cartas en el asunto y ser conscientes de lo que estamos haciendo. Sucede en nuestros encuentros, en nuestras charlas. Es la unidad, más allá de la afinidad que tengamos con uno o con otro".

Así como sabe hacer rendir sus recursos como guitarrista, sabe también aprovechar un par de preguntas a la luz de una tormenta. Es introvertido, de pocas palabras. Suele acontecer que las cartas con que juega quedan en su secreto.

LA SARA

1 Corintios 15: 9-10

"Admito que yo soy el más insignificante de los apóstoles y que ni siquiera merezco ser llamado apóstol, porque perseguí a la iglesia de Dios. Pero por la gracia de Dios soy lo que soy, y la gracia que él me concedió no fue infructuosa. Al contrario, he trabajado con más tesón que todos ellos, aunque no yo sino la gracia de Dios que está conmigo".

Es una más de Rescate. Tiene mucho que ver con nosotros. Nadie como ella para componer e interpretar la música del asfalto.

Aquí llega *La Sara*. Se estaciona única en una privilegiada cuadra, entre los tantos recuerdos de estos más de diez años de historia. Trae perfume a rutas. Los kilómetros le han impreso su rouge. Sigue, todos los días, cantándonos un ruido nuevo, un traqueteo de bujías que es su forma de besar.

La Sara es el apodo que Sergio Ramos, nuestro baterista, le puso a la camioneta de su padre, una Dodge de la década del 70. Dejarla ausente de este libro sería catastrófico. Porque tiene gran parte de todos los derechos de Rescate por habernos llevado a tantos lugares, desde ensayos hasta grabaciones, y nunca habernos dejado a la vera del camino, por haber sido y seguir siendo fiel. Y aunque ya es digna de tener su adiós, *La Sara* no se rinde: continúa llevándonos a un montón de lados.

Si por un pinchón de cubierta o algún problema, alguna vez nos quedamos en la carretera, es tan noble su mecánica que metimos mano y algo siempre arreglamos, y ella siempre siguió. Por sobre su falta de lujo y sus sencillas posibilidades, posee la entrañable nobleza que les falta a los autos de ahora, que si se paran hay que llamar a una computadora para que los repare.

Tiene mucho que ver con nosotros porque nos parecemos a ella. No es el mejor vehículo, no es una *último modelo*, pero anda, camina, se para, vuelve a empezar, corre y llega, llega a donde tiene que llegar. Somos como *La Sara* y *La Sara* también es Rescate.

01

02

03

04

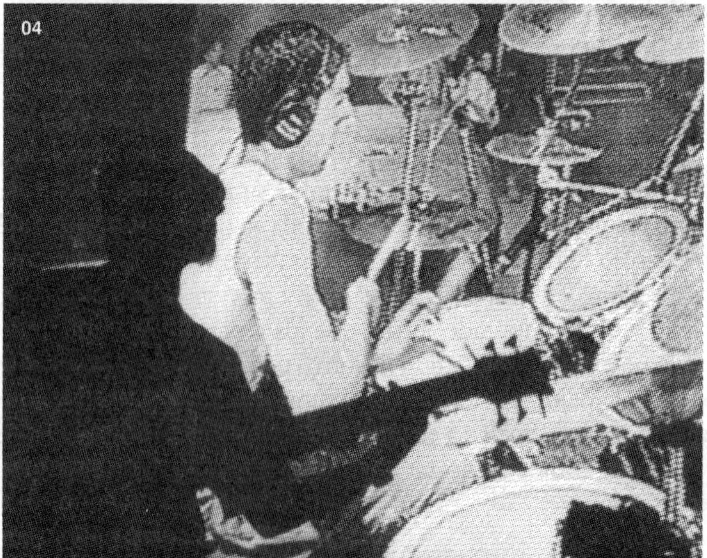

01 No es cuestión de suerte // 02 Marcelo con César Fajardo – Bogotá 2001// 03 Con Dante después del Show de jóvenes // 04 La sombra de Marcelo

01

02

03

04

05

01 El alumno con su maestro. Guillermo Vadala, Buenos Aires 2002 // 02 Marcelo con Juan Luis Guerra. Me sube la bilirrubina. 2001 // 03 Marcelo Barrera // 04 Marcelo & Marcelo. Dúo caliente. // 05 Darío, divirtiéndose.

01 Marcelo Tega // 02 Pablo para las cámaras. Guatemala 2001. // 03 Pablo con Danilo Montero. // 04 Rubén en Colombia.

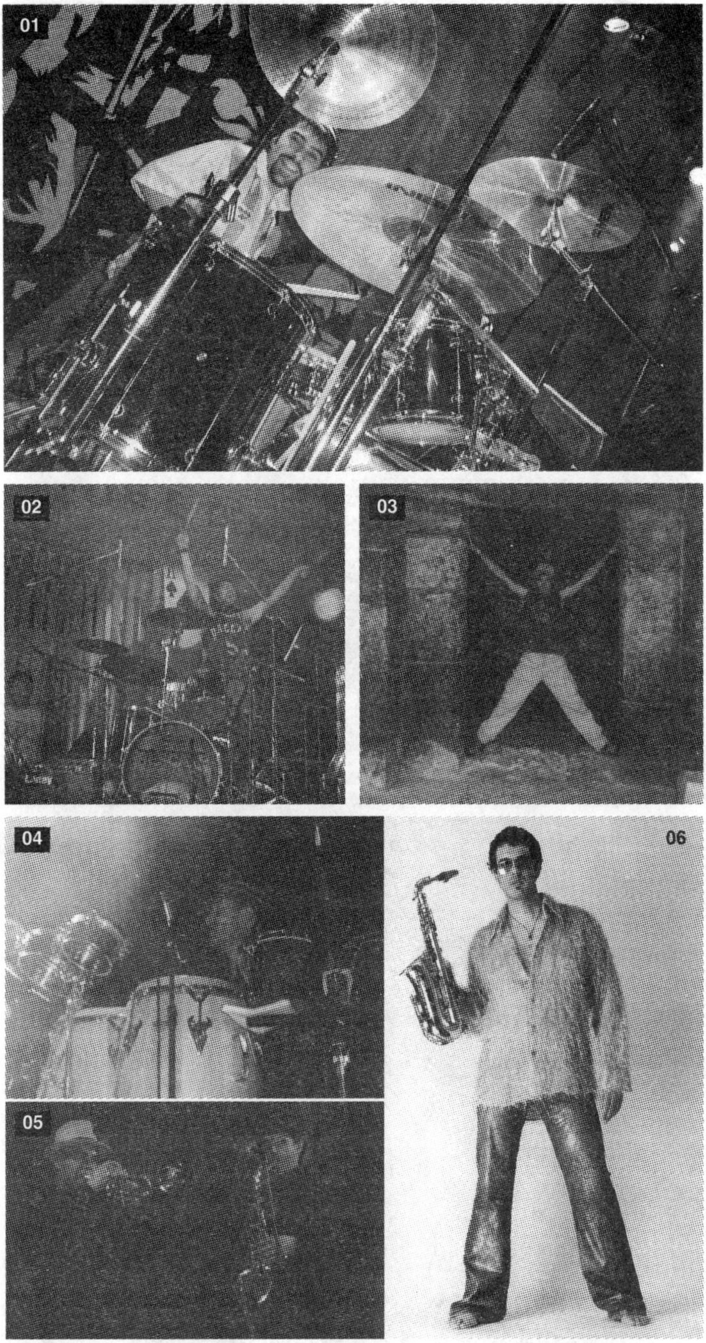

01 Sergio en Paraguay. // 02 Sergio Ramos // 03 Ulises en la ruina. Tizimil 2002. // 04 Walter Caballero en acción. // 05 Los amigos, Claudio y Rubén. // 06- Claudio en pose. 2002

01 "La Sara" // 02 Ushuaia (1996) // 03 Con Christina en el jumping (un dúo de riesgo) // 04 Tres generaciones: Miguel, Ulises y Fede.

CUARTA PARTE
LA CALLE

Primeras calles

Soy de una ciudad pequeña llamada San Nicolás, un enclave siderúrgico e idólatra, donde tres arroyos se suman para darle nombre al lugar.

En mi niñez, mi calle era como la extensión del patio de la casa, un terreno conocido y exento de riesgos pavorosos. Fui criado sin demasiada relación con ella. Pertenezco a una familia que, sin sobreprotegernos, nos restringió el contacto con el barrio y con la barra de amigos de la esquina. No había muchas posibilidades de quedarnos hasta altas horas de la noche fuera de casa. Teníamos bastante controlados nuestros tiempos.

Hoy, las calles son otras. Hoy, la misma calle de mi barrio es un lugar de peligro, y en la de este mundo actual, donde la gente dialoga cada vez menos, ya no están ni el vecino ni la tranquilidad de antes. La esquina es terreno de nadie, donde se roba y se mata casi impunemente.

Justo frente a mi casa había tres terrenos baldíos. No estaban escriturados a nombre de nadie; por lo tanto, los pibes del barrio teníamos propiedad de hecho sobre ellos. En particular, sobre uno, en el que podíamos trazar nuestra cancha de fútbol y trabajar horas haciendo los arcos y marcándola, porque sabíamos que nadie iba a venir a poner una casa allí. Aquella era la cancha futbolera del barrio. Era, también, como una extensión de mi casa. Atravesado por gambetas y penales, este es uno de los recuerdos más lindos que tengo de la geografía de mi calle.

En otro sentido, la primera calle espiritual de la que tomé posesión fue mi escuela secundaria. Porque fue el despertar de la adolescencia, cuando estaba revolucionando física, emocional y sentimentalmente, a la misma vez que esa revolución se manifestaba también en mi medio. Era la primera vez fuera de la escuela primaria, ámbito que para mi generación aún significaba un resguardo, y era la primera revolución de libertad, en relación con mis padres y mi familia. Estaba fuera de casa durante bastante tiempo, perceptivo a las mareas sociales, atento a los códigos terráqueos. Fue ahí cuando empecé a poner a prueba mis verdaderas convicciones con relación a Dios. Por otro lado, fue compartir tiempo, pasar momentos, charlar, jugar con amigos que estaban viviendo realidades totalmente desiguales. Desde los 16 años más o menos, sentí que ese era un terreno a conquistar.

Sé cuál fue mi calle de la niñez y mi primera calle espiritual. No sé cuál es la última calle de la tierra. Creo que mientras Cristo no venga, eso es señal de que siempre habrá calles por conquistar, siempre habrá calles a las que llegar.

RESCATE DE LA CALLE

Rescate en la calle. Como testigo, como interlocutor, como intérprete, como carta viva, como puñado de sal, Rescate en la calle como vos.

Para explicar cuál es hoy nuestra calle espiritual, podemos dividir a Rescate en dos partes: la individual y la grupal. En cuanto a la primera, cada uno de sus integrantes sigue manteniendo ese espíritu de evangelista potencial las 24 horas del día. En cuanto a la segunda, la calle de cada uno de los integrantes es distinta: para algunos es la universidad, para otros un estudio de arquitectura, o una fábrica, o una moto mientras levanta pedidos del supermercado. Cada uno tiene su calle.

Rescate, en términos de agrupación artística, expuesto como un producto musical, no tiene una calle específica. Su camino es mucho más amplio: pasa a ser desde la noche hasta un escenario, desde un hotel cinco estrellas hasta la casa de una conmovedora chica guatemalteca. Pareciera que Dios nos ha abierto el mundo para llevarnos como sus pregoneros. En la calle individual, nuestros interlocutores también son personas individuales. En la calle grupal, son escuchas potenciales, que en situaciones usuales pueden ser miles.

En la calle, Rescate tiene dos facetas importantes. Por un lado, el corazón evangelista que todo cristiano debe tener cuando sale puertas afuera de su iglesia o de su casa, ya sea subiendo a un micro, charlando con el chofer o entrando a cargar gasolina en una estación de servicio. Dios nos pone en oportunidades que debemos discernir cuando suceden. Por otro lado, como banda, somos usados por el Señor para potenciar otros corazones evangelistas. Además de lo que evangeliza, Rescate anima a jóvenes y adolescentes cristianos cuyas vidas pudieran estar doblegadas en una dura pasividad para que mediante el mensaje que Jesucristo da a través de nosotros, sus corazones de evangelistas despierten y empiecen a vivir esa dimensión en la calle. Es decir que la repercusión, la notoriedad, el auge que nos pueden suceder son herramientas para lograr la meta y no el fin en sí mismos.

Todos somos parte de la calle; por eso, para Rescate, la calle es el banco de prueba, el lugar de trabajo, el territorio donde necesitamos estar para confirmar nuestra identidad. Es un ámbito resbaladizo, con zonas donde es fácil caer. Alguna vez dijimos que si uno sabe a dónde quiere llegar, sabe que el camino que tiene que recorrer puede poseer un montón de alternativas e imprevistos. El trayecto puede depararnos días de sol, días nublados, caminos de tierra, kilómetros de ripio. Geográficamente, la calle ofrece miles de posibilidades. La clave es no perder de vista a dónde queremos llegar.

En otro capítulo de esta misma sección, hablamos de la calle como el medio donde se desnudan miserias, necesidades y virtudes. También Rescate queda desnudo por completo, y eso ayuda. Cierta vez, hablamos con una abogada, esposa de un reconocido técnico de sonido que había operado bandas como las de Charly García y Fito Páez, que nunca había escuchado un concierto de *rock gospel*. La dama se manifestó como una persona con mucho *rock* encima, mucho concierto escuchado en vivo; sin embargo, nunca había oído *rock* cristiano. Aquel día, en medio de uno de los tantos entretiempos de una grabación, nos comentó sobre lo que había percibido en un concierto nuestro: "Vi cierta complicidad entre ustedes. Además de lo que escuché, de la música, lo que me vino, que no se escuchaba y que yo percibía, fue esa especie de complicidad. Porque le suele pasar a una persona que, como yo, escucha tanto *rock*, que asiste a tantos conciertos, que escucha dos o tres temas y después empieza a ver las miserias de esos músicos, sus envidias, hasta que te das cuenta de que están ahí solo por un billete o por compromiso. Todo eso queda expuesto en su interpretación". Esta abogada, que nada tiene que ver con la música cristiana ni con la claridad espiritual, tuvo discernimiento para captar la diferencia entre Rescate y otros grupos.

Porque es cierto. En un punto, quedamos desnudos, sin artilugios para transmitir otra cosa que lo que somos, lo que de verdad es Rescate. En cuanto a nosotros sus hijos, creo que Dios nos expone aún más porque somos cartas leídas. Es nuestro testimonio lo que nos deja bien o mal parados. Salir cada día a la calle forma parte de un desafío. A veces volvemos con la ropa mojada, a veces contentos, a veces tristes, con una desilusión. Salir cada día a la calle es como un nuevo desafío. En nuestra experiencia, cuando venimos de una batalla perdida, cuesta arrancar para el próximo viaje, encarar la próxima salida.

Dios es sabio y permanentemente nos pone en cruces de rutas, como a prueba, midiendo hasta qué punto todavía mantenemos vivo el fuego del compromiso *a pesar de...* y hasta qué grado estamos listos para volver a salir.

UN LUGAR A CONQUISTAR

JOSUÉ 1: 9; HECHOS 1: 8

Fuera de las casas, fuera de los templos y a la calle, donde está el que sufre; dale una palabra, no te calles.

De nuevo en la city del bien y del mal, de nuevo en la calle como puñado de sal, llevando la carga, cargando el amor.

Es la arena del fuego cruzado. Es de todos y es de nadie. Hay gente que se siente cómoda en la calle porque allí hay libertad. Nadie puede decirnos: "Salgan de esa baldosa, no pueden pararse ahí", porque la calle es de todos. Sin embargo, con esa libertad surge también un sentido de irresponsabilidad, pues por un lado es como terreno de todos pero por el otro nadie se responsabiliza de nada.

La calle es donde la gente queda expuesta, el dominio que deja en evidencia lo mejor y lo peor de las personas, el medio que desnuda nuestras debilidades. Por ejemplo, el agresivo se revela nítidamente porque la calle nos presiona para ver hasta qué punto llega nuestro temple. La calle desnuda al agresivo, al violento, al manipulador, al corrupto y a la persona que mantiene sus valores morales a pesar de todo. Es la pasarela de las miserias humanas y, a su vez, expone las virtudes de la gente virtuosa, que son las menos. Pone a prueba los valores pero exacerba las miserias.

De nuevo en la city del bien y del mal, de nuevo en la calle pisando donde no estás. Y si es el ojo del huracán el que me quita el sueño, una bandera por levantar a corazones sin dueño.

Para nosotros, la calle es un lugar incómodo porque es tierra extraña. Como dijimos, es un lugar donde nadie nos puede decir: "Salgan de aquí", porque es de todos, y en simultáneo es de nadie. Domicilio de los paralíticos. Andar por tierra extraña siempre trae sus riesgos, y se hace incómodo porque nunca terminamos de sentirnos a gusto allí. Tal vez los seres humanos nos sintamos cómodos en los lugares que podemos controlar.

La calle, como territorio espiritual, debe ser para nosotros como la tierra prometida para Josué que, en cierto modo, era algo que también dependía de él. Había una promesa. Había un "Esfuérzate y sé valiente". Había un mandato, estaban las señales y estaba la estrategia. Era un lugar a conquistar. Resaltaban las promesas de que el resultado podía ser positivo; sin embargo, mucha gente salió a la conquista y perdió, familias y clanes quedaron en el camino.

Para Dios, la calle es un lugar a conquistar, como el territorio enemigo. Cuando Jesús dice que tenemos que ser testigos, tiene una visión muy amplia en relación con los sitios. A cada uno nos ubica según nuestro entorno y nuestras posibilidades, nuestros dones y nuestra potencialidad. En su declaración: "... y me seréis testigos en Jerusalén, en toda Judea, en Samaria, y hasta lo último de la tierra" pareciera estar diciendo, precisamente, que la calle es todo lo que hay por conquistar. Y que la calle es uno de sus púlpitos. Para eso nos califica según nuestros dones y de acuerdo a la meta hasta donde nos quiere llevar.

Los templos, las construcciones, las iglesias son como fogones. De todas maneras, la calle mira a los templos y ve lo edilicio, lo construido, lo que encierran, su historia y sus cosas.

Los templos son como fogones por las brasas que están adentro. Si esas brasas no estuvieran, si vinieran enemistades entre tizones y rescoldos, el fogón dejaría de arder y ese edificio se convertiría en una ruina.

— De la canción *La calle*,
del disco *No es cuestión de suerte.*

— De la canción *Jesustone*,
del disco *Quitamancha.*

EL ELEMENTO

Mateo 28: 18

Soy una palabra que va por tu camino, una palabra que va y no volverá, que buscará en el amor su propio destino; una canción que al final te encontrará.

Ahí está. La ves. La sentís. La sufrís. La escuchás. Te llama, te confronta, te espera, sabe que sos quien puede ayudarla. Desnuda ante tus ojos y hachando indecisiones, aquí está la calle.

Hay que salir a la calle. Somos llamados a estar donde el mundo estalla. Jesús ya lo dijo: "Se me ha dado toda autoridad en el cielo y en la tierra. Por tanto, vayan y hagan discípulos de todas las naciones, bautizándolos en el nombre del Padre y del Hijo y del Espíritu Santo, enseñándoles a obedecer todo lo que les he mandado a ustedes. Y les aseguro que estaré con ustedes siempre, hasta el fin del mundo".

Yo tomo a la calle como los caminos, como el lugar que me conduce a otros lugares. Al ver la vida del Hijo de Dios, reluce que sus encuentros se multiplicaban en la calle. Era allí donde sanaba, donde daba de comer, donde consolaba, donde trabajaba. La calle era su elemento de acción. Razono, entonces, que si él dijo que nosotros somos su iglesia, más allá de cuestiones dogmáticas o teológicas, lo habrá dicho porque podemos ser nómades, estar moviéndonos todo el tiempo, enfrentando la rutina, guerreando contra el enemigo, estar en cualquier lado y, no obstante, seguir siendo el cuerpo de Cristo.

La iglesia no es un lugar. La iglesia es personas redimidas, gobernadas por el Redentor. Lo vital son las personas, no las alfombras rojas, ni los primeros bancos, ni el espectáculo de las prosperidades.

En lo personal, nunca me tocó dormir fuera de casa o en la guardia de un hospital, tampoco amanecer sin tener un techo. Gracias a Dios, siempre tuve la posibilidad de saber que hay un puerto a una hora de la noche. Sin embargo, mucha gente, muchos chicos viven a la intemperie de la calle. Tienen sus señas, sus códigos, entienden dialectos que algunos ignoramos.

Trabajar en la calle significa no barandas y una sola seguridad, la del Espíritu Santo intercesor. Después que decidimos salir a trabajar allí, vienen momentos cuando, queramos o no, tenemos que depender de Dios. Queremos llevar una conducta de esta dependencia, tenemos un deseo de agradar al Padre eterno y ser cristianos. Sucede que de vez en cuando perdemos la gimnasia del contacto permanente con él. Al llegar el tiempo de manejarse en la calle, tan hostil es el medio que sí o sí tenemos que vivir en firme dependencia del Señor.

Para estar en la calle y no fracasar en el fragor de la batalla y ser sal y luz, nos hace falta tener el corazón dispuesto. Es lo primero. Es el corazón que asume el "esfuérzate y sé valiente" de Josué 1: 8.

En Jueces, capítulos 6 y 7, la Biblia narra cuando el ángel se le presenta a Gedeón y lo califica como varón esforzado y valiente. Luego, Gedeón sería enviado a la guerra. El mensajero de Dios no le dijo: "Sos una persona con aptitudes de guerrero, avezado en la batalla". Le declaró que era esforzado y valiente.

No precisamos ser superdotados ni genios matemáticos. Hablamos de condiciones que casi cualquier persona puede poseer, tanto los toscos como los inteligentes, los brutos como los sabios. Esforzados y valientes todos podemos ser. Un corazón dispuesto primero, consolidar esa disposición, ser valerosos y cabales, cultivar el denuedo, asumir las debilidades y flaquezas, ser honestos.

Con esa personalidad y ese corazón, podremos reconocer las necesidades de hombres y mujeres, niños y ancianos, de los que se sienten nada y los que se creen el centro de todo. Sabremos discernir la calle, nuestro elemento a evangelizar. En estos tiempos extremos, creo que su demanda más urgente es también la más importante: la calle pide misericordia y gracia. También comida y trabajo, entre un montón de cosas, pero una panza llena no es tener paz interior.

La calle pide misericordia y gracia, la calle pide amor, y aquí estamos nosotros dispuestos a llevarlos hasta lo último de la tierra.

— De la canción *Mi canción*, del disco *Quitamancha*.

ASUNCIÓN

¿Qué hacer para que la iglesia de Cristo sea una verdadera comunidad de gracia? Porque para eso la estableció Dios. Porque eso es lo que es; sin embargo, a veces pareciera que su propósito queda sin cumplirse.

En los últimos años, la expansión que había venido teniendo la iglesia se ha modificado profundamente. Ahora pareciera comprender mejor la urgencia de estar y actuar entre la gente. Eso ha hecho que viva menos dentro de los edificios y abra sus estructuras al trabajo en células, reuniones familiares, barcas, espigas, racimos, o el modo y el nombre que cada congregación desee utilizar en su obediencia a la Gran Comisión. Por supuesto, lo nuevo no es la misión, establecida hace siglos en Mateo 28; sino la frescura de su visión.

Sacar a la iglesia de entre las cuatro paredes e involucrarla y comprometerla dentro de las ciudades, hizo que su organización y su ideología experimentaran un saludable saneamiento. Al salir a la calle e insertarse en la sociedad, comenzando a convivir con las necesidades de las personas, dio al amor y a la misericordia de Dios proyectados a través de ella mayor sentido de solidaridad e identificación.

El sufrimiento y las carencias humanas son tan viejos como el mundo. En este contexto, el mensaje de la Biblia se renueva y cobra cada vez más vigencia. Para vivir en este sentido moderno y servir de acuerdo con la gracia de Dios, desde Lucas 10 regresa la parábola del Buen Samaritano. Los que pasaron junto al necesitado sin querer verlo bien pudimos haber sido nosotros mismos. ¡Cuántas veces vamos demasiado apurados para detenernos a atender a quienes sufren, botados junto al camino de la vida!

Febrero de 2000. Verano en Paraguay.

Extenuante temperatura en Asunción. Una prueba de resistencia al calor. Absolutamente necesaria la comprobación del sonido. Más de cinco mil personas asistirían al concierto de Rescate en aquel estadio.

Una vez terminada la prueba, nos retiramos del lugar. Queríamos conseguir alguna fruta, un refresco y otras cosas necesarias. Caminamos varias cuadras hasta que encontramos un centro comercial. Compramos lo que buscábamos, pagamos sin apuro e iniciamos el regreso. No nos habíamos dado cuenta del paso del tiempo. Cuando miramos el reloj vimos que casi era la hora de comenzar el recital. Nos preocupamos. Caminamos unos dos kilómetros tratando de retardar de algún modo el avance de los minutos. El concierto ya empezaba. Aceleramos el paso. Rápido. Más rápido. Más y más y más rápido. Hasta que un semáforo nos obligó a detenernos.

Estábamos parados en una de las cuatro esquinas de una zona de mercado. Mucha gente iba y venía ensimismada en sus propios quehaceres. El semáforo seguía empecinado en detener nuestra carrera. Los segundos parecían horas. Instantes infinitesimales se hacían interminables. Los automóviles pasaban como flechas ante nuestros ojos. De pronto nos fijamos que, tirado en el suelo, había un muchachito de no más de unos dieciséis años, sucio, harapiento y cubierto de llagas. No dormía, ni fabricaba artesanías. Simplemente estaba ahí, como dejando pasar el tiempo. Las moscas hacían su festín en sus heridas. El niño, porque era apenas un niño, se veía mal, muy mal. Nos compadecimos de él, pero no teníamos tiempo para detenernos. Solo teníamos tiempo para correr. El concierto era nuestra prioridad número uno. A eso habíamos ido al Paraguay. El público nos esperaba. Miles habrían de escuchar del amor de Dios.

Por fin, el semáforo nos permitió seguir. Reanudamos la marcha. Más febriles. Más veloces. Más inquietos. Más preocupados. ¿El muchachito botado en la calle? Seguía en nuestro pensamiento. Pudimos haberlo sacado de allí, pero no quisimos hacerlo. Era nuestro prójimo. Un prójimo en necesidad. Y lo habíamos dejado allí botado, junto al camino.

¡Tanto que hemos enseñado o nos han enseñado la parábola del buen samaritano! ¡Y tantas veces que hemos dicho que nunca seríamos como aquellos que pasaron de largo, sin atender al caído! Pero, pensándolo bien, quizás aquellos indiferentes hayan tenido sus razones, como las tuvimos nosotros. Un levita tratando de no llegar tarde al concierto, con su instrumento debajo del brazo, midiendo inquieto la hora. Era lógico que pasara de largo. ¡Es que a veces la gente busca los peores momentos para requerir de nuestra ayuda, justo cuando no podemos dársela!

Nos arrepentimos de haber seguido nuestro camino, por muy atrasados que hayamos estado. Aquella noche las más de cinco mil personas que fueron a nuestro recital lo supieron. Tuvimos que confesarlo.

Y es entonces cuando la gracia enjuga lágrimas y da una nueva oportunidad. A nosotros siempre nos pasa. En Rescate estamos llenos de pequeñas anécdotas, experiencias en las que hemos visto a Dios manifestado en la gente común.

Aquel fin de semana en Paraguay compartimos con numerosos pastores y evangelistas y estuvimos en la Marcha para Jesús. Recibimos bendición. Sin embargo, la palabra fuerte que el Señor nos dio fue la de aquella esquina del mercado y que nos dijo a través de ese adolescente tirado en el suelo, lleno de llagas. No hizo falta que nadie nos lo dijera. Dios mismo nos confrontó en directo y fue su misma Palabra la que trabajó en nuestro corazón.

Este es un llamado de atención a todos los que hemos sido favorecidos por Dios con la bendición de su gracia. A cada paso estamos confrontados con esa bendición y ese milagro, porque el perdón divino ya lleva implícita su gracia; y esta es igual a otra oportunidad.

A veces, las cosas tan simples que Jesús enseñó en las parábolas son distorsionadas por las especulaciones teológicas y las demandas farisaicas. Otras veces parecen extraviarse en los laberintos del mucho estudio, de congresos internacionales y de estridentes enseñanzas con moralejas. Muchas veces no nos damos cuenta que Jesús fue intensamente simple en demostrar cuestiones de la vida común. Él nos está diciendo: “Muchachos, ahí, en lo cotidiano, en el quehacer de cada día, en una esquina de la ciudad, es donde ustedes deberán vivir una vida conforme al deseo de Dios”.

Y eso es lo que en Rescate queremos, lo que deseamos. Esa es la sed que Dios sigue renovando en nosotros.

UN HOMBRE COMÚN

Lucas 10: 25 – 37

Una jauría de pensamientos atraviesa mi mente. La sangre está gruesa, agitada. Necesito que Dios me abrace más que como yo estoy abrazando a mi hijo.

Ciudad de Córdoba, República Argentina.
Pascua de 2000.

Desde hace más de diez años, el ministerio *Cita con la Vida*, que dirige el pastor Carlos Belart, organiza su Congreso de Jóvenes y Adolescentes en esta ciudad mediterránea. Edición tras edición, se ha venido transformando en uno de los congresos juveniles más importantes de Argentina.

Es una convención larga. Son cuatro días sin entretiempos ni cantimplora. Ya se sabe que Pascua es una fecha clave. Clave ha sido también el que este congreso siempre haya contado con conjuntos musicales extranjeros, tales como Torre Fuerte y Marcos Witt. Desde 1998 aproximadamente, comenzó la inclusión de bandas argentinas.

Rescate nunca había participado en *Cita con la Vida*. En el 2000 era la primera vez que nos invitaban. Por eso, tocar durante aquel fin de semana fue un asunto primordial. *No es cuestión de suerte*, marchaba en su apogeo. El disco corría como en la cresta de su ola. Llegamos a Córdoba con mucha publicidad, mucha prensa. Había gran expectativa en la ciudad.

Ese auge de *No es cuestión de suerte*, entre otras cosas, originó que yo, arquitecto con estudio propio, tuviera inconvenientes con mi socio a causa de las horas no dedicadas al trabajo mancomunado. Aparecieron, mis primeros conflictos relacionados con la distribución del tiempo entre Rescate y la arquitectura, mi profesión para la que había estudiado durante años.

Viajé cargando en mi equipaje un par de discusiones y los problemas de trabajo aún no resueltos. Llevaba, además, las filosas preguntas relacionadas con la distribución de mi tiempo, algunos miedos y varias respuestas ausentes. Al llegar, sin embargo, los problemas tendieron a olvidarse.

Con Rescate estamos acostumbrados a dormir en donde nos toma la noche y a viajar en situaciones incómodas, todo propio de la cantidad de músicos que somos y a pasar por las situaciones que vive normalmente una banda rockera.

Cuando llegamos a Córdoba fuimos recibidos de la misma forma que los pastores y líderes invitados al congreso. Entre ellos, Alberto Motessi, Víctor Fredes y Andrea Francisco.

Además de los recitales, a mí me esperaba la responsabilidad de dirigir un taller sobre la música como herramienta para evangelizar.

Hotel de suficientes estrellas. Una habitación para cada matrimonio y la *van* de Rescate estacionada en la puerta. Atentos choferes en vehículos destinados a movilizarnos nos llevaron hasta la sede. Nos ubicaron, nos explicaron los sitios de los talleres, accedimos a la prueba de sonido, llegó el momento de comer.

A diferencia de lo que nos ocurría regularmente, esta vez no quedamos relegados sino que nos llevaron a cenar a una especie de salón para fiestas. Las mesas contenían una cantidad de platos sin duda desconocida en los barrios bajos y suburbios cuyos habitantes jamás habrán visto toda esa comida junta; mesas a las que se sentaron los líderes, los nombrados, los que salen en las cubiertas de las publicaciones. Y también allí, cual reconocimiento de David a Mefi-boset, sentado Rescate. Un servicio óptimo. Todo bien. El pastor fulano, el pastor mengano, el líder zutano, un seleccionado mundialista de apellidos y... nosotros.

Nos empezó a pasar algo que nunca habíamos vivido: estos siervos comenzaron a acercársenos y a darnos palabra de Dios, esa clase de palabra profética como: "Serán enviados a las naciones", "Viene un tiempo nuevo para Rescate" y otras semejantes. Fue el anticipo de los hechos que prontamente nos llegaron. Así se aproximaron el pastor Motessi, Dante Gebel, el profeta Víctor Fredes y la ministra Andrea Francisco.

Muchas de esas palabras eran dirigidas directamente a mí por ser el líder de Rescate. Los otros chicos del grupo escuchaban, se sorprendían, me codeaban y me hablaban acerca de lo que nos decían.

Yo escuchaba, pero en lo íntimo arrastraba un hambre no

satisfecho. Esperaba que Dios me dijera algo específico. No tomé a la ligera ninguna de esas profecías; sin embargo, había algo interno, en mi ánimo, que no me dejaba disfrutarlas.

El sábado del concierto ya estaba entre nosotros. Tocamos frente a más de 15 mil personas. Fue bueno, buenísimo. Un concierto bárbaro. Todo el cielo entró en sus vidas, del laberinto vieron la salida. Entre los presentes, estaba la máxima autoridad del área oficial de la juventud a escala nacional, quien había asistido con el hermano Cristian Hof, líder juvenil y abogado. Después, Cristian me invitó a cenar con aquel funcionario.

Domingo de clausura. Horas del mediodía. Predicaba Dante Gebel. Nosotros estábamos en la entrada del coliseo donde se desarrollaba el congreso. Aquel día no había entrada libre. Habría unas siete mil personas escuchando. Nosotros nos ocupábamos de vender nuestros discos, de responder al pedido de nuestros amigos de fotografiarnos con ellos y firmar autógrafos, esas cosas de la miel. Todos estaban llenos de un intenso y soñado fin de semana, todos y yo afuera, aparte. A mí ya me había arañado la depresión de los domingos por la tarde, ese desgano postalmuerzo que te recuerda que el lunes tendrás que volver a trabajar y que te hace trizas la enramada. Además, estaba a 500 kilómetros de casa. Tendría que manejar demasiadas horas y sudar la historia de los kilómetros hasta el dulce hogar. Necesité irme del lugar. Busqué a mi hijo, lo alcé y nos fuimos a unos 150 metros. Me quedé ahí. El congreso había terminado. La gente se desconcentró y empezó a ganar la calle. Chicos me conocieron y se acercaron para autógrafos y fotos. Compartí con ellos ese rato de sol dominical.

En un momento, se abrió paso entre las veinte personas que me rodeaban un hombre totalmente común, simple, doméstico, de 40 años, de vestimentas humildes, sin toda la higiene, sin todo el alfabeto. Corta estatura, indígenas sus rasgos, serenos sus movimientos. No me pidió fotos ni discos ni autógrafo, no vino a pedir ni a buscar nada de mí. Federico estaba en mis brazos. El hombre tomó mi otra mano, me acercó hacia él y me dijo: "No temas que yo estoy con vos".

"Yo estoy contigo, no temas."

Me quebré en el instante. Lloré ahí, en la calle, delante de los que esperaban que les dedicara algunos minutos. En aquel preciso momento, como de parte de Dios, escuché esta pregunta dentro de mí: "¿Dijiste que necesitabas una respuesta a tu preocupación?"

Hasta la frase de ese hombre, todo lo recibido había llegado por intermedio de personas muy usadas por el Señor, esos líderes sobre los que me he preguntado si no tendrán un casete titulado *Bendiciones para ministerios* que activan cada vez que van a eventos masivos y las reparten en serie. Líderes y siervos que, más allá de mis preguntas, nos bendijeron y nos confortaron. Sin embargo, yo, rockero arquitecto de bases conmovidas, le pedí a Dios un trato personal.

Una vez más y como siempre, necesité que Dios tratara conmigo, con su pueblo, pero conmigo, con el que soy en él y por él.

Y Dios fue más allá que eso: no solo tuvo ese trato personal conmigo, sino que se valió de una persona totalmente común, un hombre que no me pidió ni discos, ni fotos, ni nada; un hombre que no vino a pedirme sino a darme una palabra específica. A traer desde Dios algo exclusivo para mí.

La jauría fue disipada, la sangre cantó un aleluya en el asfalto y regresé sereno a mi hogar.

EN EL CORAZÓN DE UN BARRIO PAISA

Guatemala, ciudad capital. Mediados de 2002.

Era nuestro primer viaje a la volcánica Guatemala. Esa primera visita a la república que declaró su independencia en 1839 nos dejó huellas indelebles. Para sorpresa nuestra, también era la primera vez que íbamos a un país con un porcentaje tan alto de cristianos en proporción a su número de habitantes. Argentina, por ejemplo, tiene entre un 3 y un 5 por ciento de cristianos evangélicos. Guatemala tiene más del 20, algunos de sus pueblos tienen hasta un 40, y sabemos de uno en particular en el que casi el 70 por ciento de la población es evangélica.

Llegamos a tierra guatemalteca con un disco bastante escuchado y conocido en Latinoamérica. Nunca nos había pasado que desde el recibimiento en el aeropuerto hubiera un club de fans de Rescate esperándonos, y gente con carteles, móviles de canales de televisión y emisoras de radio, una de las cuales transmitía en directo desde allí. Salimos entre cordones de seguridad, subimos a una *van* y mientras íbamos por la ciudad oíamos nuestra música en las calles, en los puestos donde se venden discos falsificados, sedes de la creciente música ilegal. Entre los compactos de Ricky Martín y Shakira, estaban nuestros discos. Compramos uno.

De repente, nos encontrábamos surcando un endeble mundo de *popstars*.

En este viaje asistíamos a un congreso y también proyectábamos realizar una gira por el interior de Guatemala. Apenas arribamos, un comité de bienvenida nos entregó carpetas en las que, día por día y hora por hora, teníamos detallada nuestra agenda de actividades. Nos trasladaron hasta un hermoso hotel museo, en el centro histórico de Guatemala, característico de su cultura. Por sus patios, su disposición y su piano, la postal parecía remontarnos a las épocas de la serie El Zorro, aquella protagonizada por Guy Williams. Al entrar al hotel, un pianista tocaba himnos cristianos antiguos. Era habitual escuchar música cristiana en el ambiente de la ciudad. Y aunque nada habitual era para nosotros, estábamos sumergidos dentro de ese mundo de agasajos estelares e impronta colonial.

Como comienzo de nuestra rutina, fuimos a una radio. Nos entrevistaron, difundieron canciones de *No es cuestión de suerte*, y luego regresamos al hotel. A cada paso nos venían a buscar, nos brindaban todo del mejor modo, nos distinguían con una atención de primera. Lo próximo, nos informaron, sería ir a firmar autógrafos en un concurrido *bowling* de la ciudad. Nos preparamos y partimos. Al llegar nos encontramos con más de ciento cincuenta jóvenes y adolescentes con pancartas y tarjetas de bienvenida para Rescate, hechas por ellos mismos. Nos invitaron a jugar. Todas las pistas estaban reservadas en exclusiva para este encuentro. Los chicos hacían cola, pasaban en tandas y seleccionaban sus bolas. El juego consistía en lanzar un tiro con alguno de nosotros. Era muy raro, muy inusual. Algunos asombros, a veces, nos desbordan. Los disfrutamos sin pedir explicación.

Al día siguiente, nos llevaron a firmar autógrafos en el hotel Hyatt. Había más de quinientas personas que nos esperaban. Mientras firmábamos, nuestra música llenaba el *shopping*, sector que constituía la planta baja de todo el edificio del hotel. Sonaba la canción *Todo para Dios*, en la versión que habíamos grabado en 1990. Rodaban las lágrimas mientras la escuchábamos. Nos hacía recordar a aquellos integrantes que ya no están en el grupo y pensar en tanto tiempo transcurrido y lo que en ese momento estábamos viviendo.

De repente, durante uno de los compromisos planificados, nos dijeron: "Le vamos a dar una sorpresa a una chica que ganó un concurso. El premio es que Rescate irá a su casa". La iniciativa correspondía a una sobresaliente radio cristiana. En Guatemala, las emisoras cristianas son grandes y principales en toda la ciudad. Tienen la misma o mayor audiencia que las radios estatales.

Con las expectativas de cumplir el premio, comenzamos el trayecto a bordo del vehículo que nos habían dispuesto. Metros y metros de mundo en la dulce Guatemala. Nos sumergimos en un barrio muy humilde, alejado del centro de la capital. Entramos al corazón de un caserío, casi una villa. Techos y ventanas, paredes y puertas, personas y miradas saturadas de crónicas urgencias. Nos acercamos al domicilio de la ganadora. Al llegar, llamamos y ella salió a recibirnos. El barrio entero era testigo pues había invitado a todos sus vecinos. Puertas y umbrales eran sus butacas. Sus ojos asombrados, sus cámaras de fotos.

Era de tez morena, menuda, característica. Breve de estatura, un metro cincuenta; breve de edad, 17 años como mucho. Estaba sorprendida. Le costaba sueños entender el momento. Ingresamos a la casa. Bien se apreciaba que la había puesto de fiesta. En las paredes no había adornos. Había colgado ropa, prendas de tela pegadas sobre los muros. Piso de tierra, baño de los humildes, el sol besando a la luna. Nos sentamos en un ensamble de sillas y cajones y armamos una rueda en la sala. A los días, nos enteramos de que en esa casa vivían 32 personas.

Muy servicial, la muchacha nos sirvió comida paisa. Al guatemalteco se le dice paisa como gaucho se le dice al argentino. Comimos habichuelas, nachos, pollo y otros alimentos típicos. Nos costaba saborearlos porque no son de nuestra costumbre.

Sin embargo, al ver gente tan servicial, la cocina paisa fundó una nueva región en mi paladar. Con todo su esfuerzo y todo su amor, la adolescente nos daba de comer a nosotros, una banda voraz, y al montón de personas que compartían el convite.

Era evidente que habría días en que esa gente no tendría qué comer. Lo notábamos y sinceramente estábamos conmovidos. A la vez, había felicidad en los rostros de esos niños. Diáfano amor de comisura a comisura. El reloj marcó la señal y el director de la radio, allí presente, pues la emisora transmitía en directo, nos dijo: "Ustedes van a vivir días maravillosos aquí; días inolvidables, como los que ya han vivido. Están en un hotel estupendo, sienten el entusiasmo de sus fans; de repente, firman autógrafos en el Hyatt, o van a lugares donde los reciben con todos los honores, tal como esta reunión. Esta misma sorpresa nosotros podríamos haberla hecho en la radio, donde hay aire acondicionado, donde podríamos estar tomando gaseosas y masas finas, donde podríamos haber llevado a esta chica. Pero quisimos traerlos hasta acá porque este es el pueblo de Guatemala. Así somos los paisa. Esto es lo que somos nosotros". Esas palabras trajeron a nuestra mente la historia de un hombre humilde que se nos acercó en Córdoba, nos abrazó, nos ministró y nos dijo: "Yo estoy con vos. No temas". Entonces miré profundo a esa adolescente y como correo del cielo sentí de nuevo: "Para eso estáis acá".

A veces, cuando nos vamos tan lejos, empezamos a buscar explicaciones: ¿Por qué dejamos a la familia?, ¿Por qué dejamos el trabajo?, ¿Por qué el sacrificio de viajar tantos kilómetros para tocar, muchas veces, en lugares donde hay sonidos modestos y puestas precarias? Separados por miles de ciudades de nuestras casas y nuestras familias, buscamos explicaciones y respuestas al por qué de tantas cosas. En esa íntima abstracción, vemos de nuevo a la chica y nos damos cuenta que para ella ese encuentro era esencial. Una vez más, en su sublime gracia, Dios nos miró y nos habló: "Para esto los traje a Guatemala, para este momento".

Al despedirnos, nuestra anfitriona nos pidió una camiseta, estampada con toda una gira de la banda. "Te la daríamos", le dijimos, "pero es la que llevamos puesta. Si nos la sacamos, no tenemos otra ropa para ponernos". Sin pensarlo dos veces, desprendió de la pared una de las prendas que había colgado. Era una casaca típica de Guatemala, con esos preciosos tejidos mayas que evidencian la otrora pertenencia del país a aquel exuberante imperio. Todavía la conservamos, y hasta en algún concierto tocamos con ella puesta. Le dimos nuestra camiseta.

Días después nos presentamos ante 14 mil personas. Miles y más miles se sumaban en distintos recitales. Entre comillas, éramos como famosos en la tierra natal de Rigoberta Menchú Tum, Premio Nóbel de la Paz 1992. Por sobre todo, Dios nos confirmó que nos había llevado para ese momento, que bien valía la pena y así lo entendimos. El Padre todopoderoso volvió a decirnos: "Es la gente común. Estoy entre ellos, gente simple".

Luego lo comentamos con los compañeros de banda: "Mantengámonos atentos al hecho que Dios está en la gente simple. Él nos puede hablar en cualquier momento de esta semana en Guatemala. No solo mediante pastores renombrados o personas importantes sino a través de la gente simple".

Esta historia siguió a lo sucedido en Córdoba, en los días de Pascua, y fue como su confirmación inmediata.

Hasta lo último de la tierra puede parecer una contradicción. *Hasta lo último de la tierra* no significa, en distancia, lo que está lejos. Puede ser lo cercano también, porque el texto bíblico entraña una cuestión progresiva. No hay cuestión de categoría cuando enumera: "...en Jerusalén, en toda Judea, en Samaria, y hasta lo último de la tierra". Está hablando de poder abarcar y llegar a todos lados, pero ser testigo está desde que salimos de la puerta de nuestra casa, y aún antes también.

Lo vivido con aquella hospitalaria jovencita nos dejó una enseñanza primordial, con centro en el corazón sensible: Si tenemos un corazón atento, dispuesto, sensible, podemos distinguir a Dios en las cosas pequeñas y sencillas, y sacarles mucho jugo, mucha enseñanza.

Hemos perdido la memoria de numerosos acontecimientos que respecto de la gira de Guatemala, en teoría, serían más importantes. Con todo, no nos olvidamos de este episodio. Cuando tenemos que resumir las bendiciones de nuestro viaje al país del quetzal, resumimos actitudes y experiencias como esta, que son las que alimentan la sensibilidad hacia la gente sencilla y hacia la belleza que Dios obra por medio de tales personas.

— Véase el capítulo *La gente común*

UN PUÑADO DE CORAZONES DISPUESTOS
(A propósito de la gente común)
1 Corintios 12: 22 –24; Isaías 53

La radio lo anunció. Los carteles lo promocionaron. Desde la plataforma del templo pasaron decenas de veces el anuncio. La adrenalina satura a la organización y durante esos días de campaña una muchedumbre hambrienta asiste a la expectativa del milagro prometido. Todo está programado para que ocurra, todo tiene que acontecer así. Si sucediera de otro modo alguien dudaría de la unción. Las noches pasan, la solemnidad queda. Los levitas se aprueban entre sí. Cientos son las manos levantadas y las personas en el frente, pero sigue habiendo corazones hambrientos, vidas vacías de un verdadero toque de Dios. Porque, muchas veces, al único a quien no se le consulta ni se le deja entrar es a él.

Córdoba, Argentina. Pascua del 2000.

No temas, yo estoy contigo.

Para tener trato personal conmigo, Dios se valió de un hombre totalmente común, que no vino a pedirme nada ni a buscar nada mío. Vino a darme Palabra específica para mí.

Hay gente que hace largas filas para recibir manos e intercesión de pastores renombrados. Hay gente que deja pasar a Dios porque su bendición llega en envases sin hermosura ni atractivo. Nuestro Padre eterno se vale de innumerables recursos. Es multiforme su gracia, es ilimitada su voz. No lo condicionan nuestras expectativas ni nuestra palabrería acerca de cómo debe ser la apariencia de sus mensajeros. De cierto, de cierto sabemos que por algunos de ellos no espera nadie. Son personas comunes, silvestres, aplaudidos en ningún lugar. Nosotros podemos olvidar hasta sus caras, Dios escribió sus nombres en el Libro de la Vida.

Sentirme tan ministrado por aquel hombre común fue muy fuerte para mí. De los tratos que el Señor ha tenido conmigo, uno de los más vigorosos. Me enseñó que a dondequiera que vaya, debo estar muy atento porque quizás Dios se revele en el momento menos esperado. Por amor a nosotros, usa el universo, la eternidad, su pueblo vivo para hablarnos.

Dios, reflejado en la gente común, en gente como nosotros.

Dios, presente y comprometido con nuestra necesidad. Y a través de un hombre común, como el hambre y el cansancio, fue que el Señor me fortaleció. Es probable que el enviado no haya advertido que estaba siendo usado, que estaba trayendo la Palabra misma de Dios para mí. El Señor puede usar un burro parlante, una piedra o hacer tronar una voz en el desierto. Sin embargo, él quiere usarnos a nosotros. Sin requisitos de edad, sin preferencias de clase social, sin número de tarjeta de crédito. Nada de esto se requiere para que Dios transmita su bendición. La clave sigue siendo un corazón dispuesto.

En ocasiones, nos hemos quedado al borde del estanque a la espera de que el ángel descienda y agite el agua. Y muchas veces después del movimiento, lamentablemente otro bajó primero y nos quedamos sin ser sanos. En Cristo, Dios aplica otra estrategia: no hay por qué esperar hasta una fecha especial, ni a que un pastor notorio llegue, ni apurar un puesto en la fila. El Señor no es reacio a sembrar milagros y sanidades. Está muy cerca, a favor de nuestra restauración.

Tal vez todavía esperemos ver una zarza ardiente y escuchar retumbando su voz. Pero la gente que nos quiere, nuestras esposas y nuestros padres, nuestros hermanos y nuestros tíos, todos los que nos aman bien pueden ser sus emisarios para nosotros. Hace faltar estar abiertos a la gente común. Dios está cercano, al alcance de nuestra necesidad y de nuestra fe.

Es nuestro anhelo que el Señor nos bendiga para ser tan claros y espontáneos como aquel hombre lo fue conmigo. Este es nuestro intento. La canción en desarrollo que componemos todo el tiempo. Nuestra vida se va en ello. Somos un puñado de corazones dispuestos, corazones como el tuyo. Si ustedes encuentran a Dios en Rescate, si escuchan su voz por medio nuestro, estaremos en el punto de llegada.

— Véase el capítulo *La gente común*

LA INSOSPECHADA MAGNITUD DE REGALAR UN DISCO

Todo un paisaje en la oscuridad, sueños revelan lo que vendrá, nadie imagina lo que sucederá.

No usan lo que tienen. No saben usar lo que tienen. A veces, creen que no tienen nada. Otras veces, desconocen las ventajas, desconjugan la fe. Están imposibilitados de aprovechar lo recibido. Envejecen sin vivir, viven sin gozar.

Son gente que necesita andar.

Podés estar entre los ya sanados. Podés estar entre los que todavía no. Hay uno cerca tuyo, más cerca de lo que imaginás. Siempre hay uno a tu alcance, porque son gente obligada a la inmovilidad.

Hablamos de paralíticos, hablamos de que siempre tenés uno a la distancia de un roce.

Diciembre de 2001. Provincia de Córdoba,
República Argentina.

Caminos salpicados del aire serrano, riachos entre la turística urbanidad, alfajores frutales en esta tierra propicia para respirar libremente en estéreo. Debido a sus muchas universidades, e institutos dedicados al saber, la provincia de Córdoba es conocida como la Docta. Vivas donde vivas, sepas lo que sepas, solo conocer la verdad te hará libre.

Córdoba tiene un millón de habitantes. Son cristianos 20 mil. 120 mil son los que aquella noche asistieron al megaconcierto organizado por Luis Palau. Hubo artistas de todo extracto, santos y naturales, hubo un hervidero de indicaciones, levitas por todas partes con credencial y emociones, hubo gente a carradas; parecía que las almas eran tragadas por la multitud.

Fueron dos noches, un concierto por cada una. El siervo Luis encaró sus cruzadas de una manera completamente distinta a como lo hacía. Nos sentimos cerca, unidos; estuvimos unánimes, un acuerdo entre sanos santos.

El batido *gospel rock* salió como una tunda. El Espíritu Santo hizo sentir su presencia y cientos derramaron sus vidas en gloria al triple

Santo. El concierto terminó. Salimos a beber aire fuera del estadio, tragos profundos y reparadores que reanimaban el cuerpo.

Un muchacho se nos acercó para contarnos que había dejado embarazada a su novia; que sentían al hijo que venía como una carga. Pesada, enorme, una mole no deseada, un peso del que querían deshacerse.

Decisión tomada, aborto en puerta, el indefenso latía, el diablo festejaba.

La muerte andaba merodeando alrededor de este joven. Estaba a punto de dar su zarpazo; sin embargo, como una ecuación de una sola mano, fuimos un canal a través del que Dios impuso la vida. Un día, un buen amigo, un santo que comprendió bien qué es Rescate, hizo llegar a la pareja *No es cuestión de suerte*. Escucharon todo el disco, pero un tema en particular capturó su atención.

Luz celeste, una canción del corazón, sin ropaje de enseñanza religiosa, basada en nuestra experiencia al tener a Federico, nuestro primer hijo. Esa canción hizo que ese padre confundido desistiere de su decisión y dijera, refiriéndose a nosotros: "¡Este flaco siente eso por su hijo... que es como el mismo hijo que yo estoy a punto de matar!"

Ese muchacho con el que hablábamos afuera del estadio mientras las estructuras evangélicas seguían su protocolo, llegó a Dios al ser sanada su más grande herida: la de querer matar a quien había engendrado, la de querer robarle la vida al hijo que se empezaba a formar en el seno de su amada. Allí, ese muchacho confundido, tomó otra determinación. Diferente, vital, que no tuvo nada que ver con lo religioso. El aborto es un problema social que daña para siempre la relación entre parejas jóvenes.

A partir de ese momento, encaró su relación con Dios de otra manera.

La conversación que tuvimos con ese joven es un ejemplo vivo de sanidad más allá de las estructuras. Sin religión ni liturgia, el Señor sigue extendiendo su mano, restituyendo dignidad sin dudas ni sombras, creando vida y defendiéndola sin que necesite para ello más que el corazón dispuesto de un hijo suyo leyendo la Biblia, poniendo en acción los dones y las capacidades recibidos, o regalando un disco.

Gracias a Dios que en este momento llega a tu pensamiento el nombre, la cara, la vida de alguien que necesita recibir, por ejemplo: *Quitamanchas*.

Romina. 16 años. Argentina
lalomyll@latinmail.com
Mi primito es autista. Ya tiene cinco años pero no habla casi nada. La primera canción cristiana que aprendió toda entera es *Iacucu*. Son de mucha bendición.

Claudia y Johana. 21 y 17 años. Colombia
Están en nuestras oraciones. Todos los días los escuchamos ya que a través de su maravillosa música nuestras vidas son edificadas. Es bien especial encontrar siervos de Dios con tanta unción y tanto amor por las almas, ese amor que se transmite en sus canciones y que alienta nuestro espíritu. Es un reto para nosotros demostrar esa compasión que ustedes demuestran por las personas que aún no han conocido de Dios y también por los que ya lo conocemos.

Maruby. 16 años. Panamá
Me gusta su música y el mensaje que proyectan de sacar a Jesús de los templos. Presentan un estilo diferente en *rock* cristiano. Dios les dé sabiduría e inspiración para que sigan bendiciendo a los que no le conocen.

Yoelín y Francy. 17 y 16 años. Venezuela
yoelin_rodriguez@hotmail.com
Nos han impactado tanto con las letras de sus canciones como con sus vidas. Sigan adelante en este ministerio tan hermoso que el Señor les ha dado y sigan quitándole las almas a Satanás.

Claudio. 23 años. Argentina
claudioramonr@hotmail.com
Me sorprendió como sin religiosidad y con un mensaje claro predicaron la Palabra de Dios en sus canciones.

Ruth. 32 años. Bolivia
Sigan adelante. Son de gran bendición, aunque tal vez, en ocasiones, les sea monótono o sientan que no tiene fruto lo que hacen. Eso es mentira, porque nuestro Dios está usando pode-

rosamente sus vidas. Estuvo genial el concierto y el taller que dio Ulises. Como él, también creo que lo sencillo y transparente que sale de nuestro corazón es lo que Dios usa con poder.

Emily. 17 años. México
gricell2002@aol.com
Les escribo de parte de mi sobrina Emili's. No saben lo contenta que se pone cuando escucha sus canciones. De hecho, sus canciones les gustan mucho a los niños, especialmente la de *Iacucu*. ¡Mi sobrina todavía no puede ni hablar, pero cómo las canta! Cuando quiere que le pongamos el video del Tour 2000, solo nos dice: "¿Y Ulises? Ulises ven", o cuando quiere que le pongamos el disco *No es cuestión de suerte* nos dice: "Loco, loco", o grita: *¡Timeooo!* Son una bendición para mi sobrina. Ya deberían sacar papillas para bebés con la foto de Ulises.

Silvia. 33 años. Argentina
paysil@fibertel.com.ar
Las palabras que Dios le dio a Ulises fueron justas para alentar a nuestros chicos a salir afuera de nuestras paredes y ganar a otros. Siempre suenan en casa y a mis chicos les encanta. Conocí a Federico y es una especie de clon de Ulises. Gracias a Marcelo Tega por acceder a saludar a mi nene de 6 años que tiene guardado el calendario firmado en su cuarto como un trofeo de guerra.

Claudia. 22 años. Guatemala
claudia@dantegebel.zzn.com
Los conocí por el *Show* de los jóvenes con Dante Gebel, transmitido por Enlace TBN. Dios les bendiga en amor, salud, paz y armonía en sus vidas. Son mi grupo favorito de *rock* en español y les felicito por la maravillosa obra que el Señor hace a través de ustedes. Gracias por el amor a los jóvenes que no conocen a Jesús y gracias por recordarnos a los que sí le conocemos que la cruz no es cuestión de suerte.

Diego Armando. 19 años. Colombia
dasdiego@terra.com.co

Me encantó su música. Yo soy un joven católico que quiere ser cada vez mejor y su música me da aliento. Somos muchos jóvenes los que queremos salir adelante. Dios derrame bendiciones sobre todos ustedes y ¡que viva Jesucristo!

Fermín. 32 años. Panamá
fermincarrasco@hotmail.com

Rescate es una música diferente, con un mensaje directo para estos días. Es bueno que sigan así. Son muy buenos los videos. Gracias a Dios que esa cruz *no es cuestión de suerte*.

María. 13 años. Argentina

Ustedes son el mejor grupo de música cristiana que conozco. Con su música es muy fácil evangelizar a las personas. Me encanta su *look*, su forma de ser, sus letras de canciones, etc. ¡Son unos k-pos!

Santiago. 21 años. Ecuador
psmh_ec@latinmail.com

Deseo felicitarlos por poner al servicio del Señor la originalidad de su música y por darnos a todos los que nos inclinamos por este género musical una alternativa para adorar a Aquel que nos creó.

Martha. 24 años. México

A los seguidores de Rescate en especial: Demos gracias a Dios por la vida de todos los integrantes de la banda y por todo su equipo. Por medio de ellos, creo que Dios nos va a hacer ganar multitudes. Y, como dijo Ulises en el concierto, que su música no sirva solamente para divertir cristianos, sino para ministrar.

Luisa. 19 años. Colombia
luisilaw@hotmail.com

Los conocí por el concierto privado en *Profetas evidentes*, en Bogotá. Pienso que son un reto para todos aquellos jóvenes que desean extender el reino de Dios. Ustedes no dejaron para *tomo-*

rrow su talento. Es evidente que el jugarse todo por Dios ha hecho que miles de vidas sean cambiadas. Los felicito y que Dios los exalte en tanto ustedes rindan su vida en la cruz.

Milton. 39 años. El Salvador
miltonfidel@hotmail.com
Les insto a seguir adelante a través del ministerio que el Señor les ha encomendado, ya que son de mucha bendición tanto para los jóvenes como nosotros, los más *rukos*. Tengo una hija de 17 y un varón de 11. A ellos les gusta mucho su música. Han sido de mucha bendición en la vida de ellos por medio de la letra de sus canciones. Solo esperamos que Dios les permita venir por el Salvador y gozarnos y compartir con ustedes de su música, sino nos vemos en el cielo.

Juan. 36 años. Venezuela
juanjmg@cantv.net
Los conocí por medio de Enlace y el Show de los jóvenes con Dante Gebel. Me alegra que jóvenes como ustedes estén dándole bien duro al diablo, para así ayudar a nuestras juventudes a buscar del Señor y que no busquen música en otros lados. Son una gran bendición para el ministerio que llevo adelante en mi ciudad, ya que varios jóvenes han recibido al Señor Jesucristo escuchando su música.

Enrique. 21 años. Colombia
nitowins@laatinmil.com
Los conocí en el concierto de la Misión Joven Internacional, Bogotá, Colombia. Quedé muy impactado y ministrado por su estilo de música. Rescate es una banda versátil, con un estilo muy particular. El concierto fue excelente. Sé que muchas personas que no conocían de Dios fueron bendecidas por su música.

Luis. 25 años. Estados Unidos
luigi028@hotmail.com
¡Qué refrescante! Le doy gracias a Dios por sus trabajos musicales. Si bien esta música no es de alabanza o adoración, es edificante. Sus mensajes están llenos de gracia, esa que todos

necesitamos para seguir adelante, dejando la ley atrás y que el Espíritu sea quien nos guíe. Los conocí a través de un amigo argentino en un viaje misionero. Soy venezolano. Me gozo en la excelencia musical y la manera que utilizan para expresar los mensajes.

Lisi. 15 años. Argentina
oplgan@sinectis.com.ar
Son el mejor grupo musical que escuché en mi vida. Fui a una bocha de recitales de ustedes. El día que tocaron con Laboriel me regalaron un póster y me lo firmaron. Mis vecinos ya conocen todas las canciones de ustedes. Se ve que les gustan porque ninguno se quejó. La canción que más me gusta es *Loco*. A mi mamá le gusta *Deja que te toque* y a mi papá *No es cuestión de suerte*. Hace dos semanas pusimos Internet. La primera página que visitamos fue la de ustedes.

Javier. 28 años. Nicaragua
valleperez@hotmail.com
Los conocí porque a mi hijo de 3 años le gusta la música que ustedes tocan y a mí también me intereso muchísimo. Soy pintor artístico. Gracias a Dios estoy llenando de éxitos mi carrera profesional y cuando trabajo escucho sus músicas.

Manuel. 20 años. Perú
cop56@latinmail.com
Son fenomenales. Sigan adelante, no desmayen, porque este tipo de música llega a muchos jóvenes y muchos llegan a ser salvos y sus vidas son transformadas. Sigan, porque la mies es mucha y los obreros pocos.

Shirly. 23 años. Colombia
Los conocí en la emisora de mi iglesia, MCI Radio. Hemos sido ministrados a través de ustedes. Muchos jóvenes se han convertido con sus canciones. Sería buenísimo si nos enviaran partituras del CD *No es cuestión de suerte*.

Gabriel. 19 años. Venezuela

Los conocí por Enlace, por sus discos y porque toco sus canciones para ministrar a otros jóvenes. Soy baterista de una iglesia cristiana. Sigan con esas canciones que están muy buenas. Me encanta que un grupo cristiano como Rescate haya podido insertarse en el ámbito secular para llevar el mensaje de salvación. ¡Viva Cristo!

Germán. 19 años. Argentina

Sus letras y melodías llegan al corazón. De esta manera pueden bendecir y cambiar muchas vidas, como sucedió conmigo. Dios les bendiga a cada uno de ustedes y a sus familias, y que lo que hagan sea para la gloria y honra de él.

QUINTA PARTE
LOS MÍOS

YA VAS A SER PADRE...

El otoño conmigo percibe que me será difícil,
muy difícil escribir este relato.

"Ya vas a ser padre..."

¿Qué padre no ha dicho esto a su hijo alguna vez? Mis flamantes dos meses como padre le dieron la razón al mío. La venida de Federico me hizo pensar cosas en cuanto a ser hijo, una condición sobre la que tengo más de treinta años de experiencia.

Federico nació el 21 de marzo de 1999. Lo que trato de compartir aquí es el sentimiento que afloró en mí ese día, mientras en la habitación de la clínica sostenía en mis brazos a mi hijo recién nacido. Mi padre, *el viejo Miguel*, se encontraba a escasos tres metros de mí. Mis ojos iban desde la carita casi indefinida de mi niño hasta ese rostro donde el tiempo había dejado sus huellas. Los dos rostros me pertenecían, yo era parte de ambos y estaba en el medio de la historia familiar.

Ser padre te cambia la mente. ¿De qué cabeza del hogar me hablan si a partir de aquel primer día del otoño el que comenzó a mandar fue el bebé? Para colmo, Federico significa: «el que gobierna para el bien y la paz del pueblo»; así que, "el gobernador", como le decía el abuelo, cumplió su mandato desde que llegó al mundo. A la vez, todos giramos en torno a él: Christi, su madre; los abuelos; Ulises, todos. Claro que la afirmación, huella sobre su nombre, de que gobierna para la paz fue cierta en casa.

En su risa o en su llanto, un niño trasmite paz, solo paz. Su corazón limpio, su inocencia, su transparencia, hacen sentir paz.

Una de las primeras madrugadas que lo hice dormir, en el silencio amable de la noche, en la penumbra tibia del cuarto, empecé a recordar el día que nació y la cara de mi padre en aquella clínica. Miraba a mi pequeño dormido y decía en mi interior: "Esto es lo más importante ahora. ¿Quién te va a cuidar sino yo? ¿Quién te va a defender?" Recordar su fragilidad de días, traer a la memoria que Federico empezó a ser el termómetro emocional de nuestra familia me sigue conmoviendo.

¿Quién puede reír cuando él llora? ¿Quién puede llorar cuando él ríe?

Ser padre es bárbaro, porque te cambia. Esa personita llegó y se colocó en el primer lugar en la escala de valores. Fue ahí cuando comencé a entender el corazón de mi padre. Él no es muy expresivo en sus emociones, es vasco, como yo, y los vascos hacemos honor a las raíces, entre las que se mezcla cierta terquedad. Mi padre es muy trabajador, y aunque jubilado ya, siempre está ocupado en algo.

Muchas, han sido las veces en que hemos disentido. Así y todo somos amigos. Es más, durante varios meses, mi esposa, mi hijo y yo vivimos en la misma casa. Somos muy parecidos. Tal vez por eso será que discutimos acerca de todo, incluidos la política y el deporte. Durante todos estos años, en todas mis etapas, desde la escuela primaria hasta la universidad, hubo una frase que mi querido viejo usaba para finalizar aquellas discusiones donde él se sentía un tanto herido por mí, su hijo: "Ya vas a ser padre".

Yo no lo entendía. Pensaba que preguntarme todo y de todo era la tozudez de un padre sobre protector. Tantas veces me dijo "Ya vas a ser padre" que esa sentencia quedó tallada en mi corazón. Esa noche en la habitación lo entendí: yo estuve en sus brazos tal como Federico en los míos, yo estaba primero en la escala de sus valores, yo gobernaba la casa en ese tiempo. También me enfermé y él me cuidó. Cierta vez, a mis 3 o 4 años, me quemé con agua hervida. Aún recuerdo su cara, llorando, mientras me sacaba la ropa que me lastimaba. Otra vez jugamos nuestro primer torneo de paleta en pareja. Él quería enseñarme, a lo que yo le respondía: "Papi, ya sé, ya me lo dijiste", y él terminaba el diálogo con su consabido "Ya vas a ser padre".

Agradezco mucho a Dios que me permitió reflexionar sobre esto teniendo a mi padre cerca mío, sano, fuerte, jugando tenis y queriéndome ganar todavía. A cuántas personas les tocó y les toca vivir algo distinto: darse cuenta del profundo valor de sus padres cuando ya no los tienen, cuando ellos ya no pueden enterarse de arrepentimientos y perdones. Dialogan con una tumba, a la que le dicen: "Papá... tenías razón".

En algunas etapas de la vida, los antagonismos entre padres e hijos son casi inevitables, pero mi narración no es para intentar terminar con lo casi normal. Es para que, después de leerla, mires a tu padre, sin que se dé cuenta, y sin prisa observes su rostro. Verás que en su cara está atestiguado el transcurso del tiempo, verás que hay marcas en los pliegues de su piel, verás la experiencia, tal vez cicatrices, te verás a vos de alguna manera.

No olvides que, para él, fuiste quien le quitó el sueño y, aunque hoy no te lo mencione, seguís siendo quien le quita el sueño, el termómetro de sus emociones. "Ya vas a ser padre", decía mi viejo. Y tenía razón.

LOS PAÑALES DE FEDERICO

Cuando hablo de la gracia vienen a mi mente los pañales de mi hijo Federico.

Christi, mi esposa y su madre, procura tenerlo bañado, limpio, prolijo. Sin embargo, por ser tan travieso y activo, siempre sucede que cuando está de punta en blanco, en ese preciso momento pisa el charco, agarra el dulce, se embadurna todo. Pero nunca pierde su expresión de amor y gratitud hacia nosotros sus padres.

Fede es muy espontáneo. Me dice "Papá, te quiero", y viene y me abraza, aunque esté con sus pañales sucios. Puede estar recién aseado y cambiado pero al instante siguiente se ensucia y viene y me rodea con sus brazos. Tengo que esquivar olores, pero nada me importa más que su expresión de amor para conmigo. Él se siente amado.

Los padres que tenemos hijos traviesos siempre procuramos aquietarlos un poco, que hablen menos, que no hagan esto o aquello. Otros padres, muchos por ahí, tienen hijos enfermos, que no se comunican, a los que les cuesta relacionarse con otros chicos. Quizás están limpios y pulcros, pero son totalmente inexpresivos. Sus padres se mueren por un abrazo, por un *Te quiero*; casi se desesperan por verlos ensuciarse, correr, hacer esto y lo otro. Les preocupa que no se muevan, y el hijo sigue ahí, de punta en blanco.

Para mí, la enseñanza de los pañales de Federico es que a Dios le duele más nuestra indiferencia que nuestro mismo pecado. Porque él sabe de nuestro pecado, pues para eso estuvo el sacrificio de Jesús, para eso está la gracia, para vencer al pecado y para que seamos hijos redimidos.

Entonces digo: "¿Qué pasa? ¿Tan sucios nos sentimos con nuestros pañales, tan mugrientos, que muchas veces no vamos a Dios por el estado en que estamos? Y Dios tiene todas las ganas que desde nosotros haya una expresión de gratitud a pesar de nuestro estado, de nuestros pañales y de nuestra suciedad.

Él quiere abrazarnos y después, como buen padre, se encargará de cambiarnos los pañales.

Si yo como padre tengo ese tipo de actitud con mi hijo, ¡cuánto más Dios con nosotros, sus hijos! Muchas veces dejamos pasar el tiempo pensando: "¡Cuándo seré una persona limpia para poder volverme a Dios!" Y Dios tiene todo el deseo de abrazarnos así como estamos.

En donde estás ahora, tal y como estás, tu Padre Dios quiere abrazarte fuerte, tan fuerte como el amor que te tiene.

CHRISTINA (TÚ CONOCES)

Se suele reír, me suele mirar, alivia el dolor de tantas heridas. Su mano está ahí, no se parará, batallas ganadas y otras perdidas. Tú me conoces bien.

Tardes de septiembre. Largas caminatas por la costanera. Mirar vidrieras. Elegir ropa. Sorpresas tontas. Desayuno de sábado solo para nosotros. Tantas cosas que sé que le gustan. Tardes de fútbol. Un asado con amigos. Una copa de buen vino. Visitar galerías de diseño. La autopista para nosotros solos, yendo a cualquier parte. Mi debilidad por los relojes. Tantas cosas que ella sabe que me gustan. Nos conocemos, nos amamos, nos divertimos. Aprendemos a cada paso. Saber de batallas ganadas y perdidas. Disfrutar nuestros hijos, nuestras coronas. Ser cada día testimonio de la misericordia de Dios, del amor de Dios.

Ella es fresca, divertida, mucho más paciente que yo, mucho.

Yo soy feo, ella es linda. Yo morocho, ella rubia. Yo latino, ella anglo. Yo sanguíneo, ella cerebral. A mí no me gusta leer, ella tiene tres libros al borde de nuestra cama. Dicen las parejas ser el uno *la otra mitad* del otro. En mi caso no es así. Somos como mitades diferentes, pero juntos somos uno. Aprendimos a conocernos. Creo que cada uno se siente orgulloso del otro, como cuando tenemos un amigo famoso o un familiar distinguido; orgulloso de mostrarlo, orgulloso de ser parte del otro.

Christi no tiene ningún familiar en Argentina. Todos, absolutamente todos viven a más de doce mil kilómetros. Sus padres, misioneros por el mundo, hermanos, sobrinos, todos. Eso me hizo pensar que ella tiene un *training* especial en cuanto a vivir lejos de los afectos. Corazón fuerte. Sabe de despedidas, sabe esperar. Eso también me hace pensar, cada vez que salgo de gira, que yo soy su familia, el único junto a Fede y Agustina.

Es valiente. Le gusta atreverse, le gusta el riesgo. Por eso, es Rescate. Ella es fuerte. Puede correr, jugar al fútbol (si la vieran...), montar caballos, esquiar, nadar. Es deportista. Le gustan las aventuras, los campamentos, los fogones. Es compinche. Nuestros hijos se cansarán jugando. Me conoció en el génesis de Rescate, cuando solo ensayábamos. No había conciertos, no había giras, solo garage. Por eso ella es Rescate, porque sabe todo, desde lo que sucede arriba del escenario hasta lavar las ropas sucias de toda una gira, sabe de mi insomnio terminando un disco, de mis tantas frustraciones levantando una bandera que más de una vez no pudo flamear.

Es bueno compartir la vida con alguien que te conoce, pues hasta en el silencio hay comprensión. Una mirada puede ser un puñal y un beso, el abrigo. Bendición es tener al ser amado codo a codo. Christi es ancla, es puerto, es llegada.

— De la canción *Tú conoces*,
del disco *No es cuestión de suerte*.

01 Hagan sus apuestas – 2000 // 02 Ushuaia. 30 grados bajo cero. // 03 The Men in Black. Costa Rica – 2000 // 04 Con Luis Palau – Rosario 2000 1998 // 05 Rosario 2000

01 Recreo con Federico en plena sesión. // 02 El corazón de un barrio paisa // 03 Infaltables asados a la vera del camino // 04 Bien al norte – Jujuy 2000

01 Federico, el futuro asegurado // 02 Familia Rescate // 03 Asunción 2001 // 04 Tega bien al sur. Río Grande 2001.

01 Mazatenango 2001.Noche caliente. // 02 Mark Mohre, cantante de Christafari. Leyendo la canción que días después cantaría con Rescate. // 03 Junto a Ron Kenoly. // 04 Con "La Mosca" 2001. Ulises y Guillermo a los saltos.

01 Rescate 2002. // 02 Tapa último álbum. Quitamancha // 03 Misión Quitamancha.

ROSARIO

Rosario, Santa Fe, Argentina.

Como un hijo no reconocido, como un gran interrogante en forma de ciudad. No tiene fundador. Hasta el momento, y después de 150 años, nadie se ha hecho cargo. Hay idolatría en la raíz de su nombre, porque tiene que ver con una de las tantas vírgenes argentinas. Ineficaces féminas sin poderes, mentirosas de milagros, imágenes engordadas por el oro de sus seguidores.

Es la segunda urbe más importante de Argentina, la de las mujeres más lindas del país, la del Monumento Nacional a la Bandera, pues es cuna del paño patrio, y también del *Che* Guevara, del *Gato* Barbieri, de Fito Páez, entre otros célebres.

Hasta que fue declarada Ciudad, en agosto de 1852, era una villa de casas bajas, calles así nomás y unos tres mil pobladores. Desde siempre, el centralismo de Buenos Aires lastimó su expansión y su autoestima.

Rosario es una de las dos ciudades a las que pertenecemos quienes integramos Rescate. La otra, ya varias veces mencionada, es San Nicolás. Distan 67 kilómetros entre sí, ya sean de autopista u otros caminos, 67 kilómetros que hemos andado y desandado cientos de veces, trayecto que seguimos haciendo.

Yo la quiero mucho. Allí viví cuatro o cinco años, en razón del cursado de mi carrera de Arquitectura. En ella tengo familia, amigos, compañeros, colegas. En cuanto a Rescate, Rosario está llena de asados, retiros, partidos de fútbol, interminables ensayos nocturnos, hasta las dos o tres de la mañana, al término de los cuales vamos a comer pizza barata a cualquiera de esos bodegones donde solo asisten los taxistas de madrugada. Está llena de gol por Rosario Central, el club de mi pasión, que también me ha enseñado a seguir siendo fiel en la adversidad. A mi cuadro lo forjó y lo sostiene el aguante de su hinchada. Los *canallas*, que así se nos llama a los centralistas, no somos hinchas por los triunfos, seguramente, sino por garra.

Rosario guarda nuestros primeros conciertos, iniciativa de un manojo de personas que nos contrataban no porque Rescate salía en los canales de televisión ni en las radios, sino porque vieron, primero que muchos, el potencial en nuestra visión. Aquellos recitales estuvieron ligados, por ejemplo, a una organización de ayuda a drogadependientes.

Es más que lo que escribimos, que la nostalgia, es una ciudad por la que seguir luchando y de la que esperar mayor despertar. Sigue amparándonos e interesándose por nosotros. En cada disco, en cada canción, en cada fatiga y ronquido y sonrisa de nosotros, hay algo de Rosario, ese esencial territorio que nos prefiere y hace fiestas cada vez que llegamos.

USHUAIA (FIDELIDAD HASTA LO ÚLTIMO DE LA TIERRA)

Ushuaia, capital de Tierra del Fuego, República Argentina. Un concierto en 2000.

Es la ciudad más austral del mundo. Su nombre significa "bahía penetrando al oeste". Surge de dos voces indígenas: *ush*, que quiere decir "al fondo", y *wuaia*, "bahía, caleta o puerto". Recostada sobre la costa del Canal de Beagle, hace años que no puede conciliar el sueño; cuesta mucho sobreponerse a ese vieja discordancia entre Argentina y Chile. Tiene un puerto natural de aguas profundas, el más cercano a la Antártida, y son vírgenes todavía algunos de sus parajes.

Ushuaia tiene algo especial. Allí termina la Argentina, también el continente. La Bahía de Lapataia es el punto donde comienza o finaliza la Ruta Nacional Nº 3. Llegar hasta ese lugar, más hermoso y extraordinario que lo que todas las palabras pueden describir, es tocar el extremo del camino y encontrarse con un cartel que informa que Buenos Aires está a 3145 kilómetros y Alaska a más de 17 mil. Es sentir que el viento frío de la Antártida, ya no de la Patagonia, nos pega en la frente y darnos cuenta que para avanzar más al sur necesitamos otros medios. Lapataia es sentirnos lejos, Ushuaia es sabernos remotos.

Durante años, mi esposa y yo tuvimos familiares en Tierra del Fuego. Mis visitas siempre fueron esporádicas y de pocos días. En uno de los viajes con Rescate, una noche, luego de responder a compromisos de prensa, decidí regresar a pie a la casa que nos hospedaba, en vez de hacerlo en vehículo. La temperatura rondaba los 14 grados bajo cero. Había sido un hermoso día de sol, con alrededor de cero grado. Cada día en Ushuaia merece la inversión de rollos y rollos de fotografías.

Caminaba solo. Arropado ante el frío, desnudas mis emociones. Miraba la bahía, toda la bahía. Entre esos pasos, en un momento, intenté ponerme en la piel de mi hermana, que en ese tiempo vivía allí. "Qué diferente debe ser pasear, *turistear*, a la caminata de la persona que vuelve de su trabajo hacia su casa, como estoy volviendo yo, con estos 14 grados bajo cero, en este territorio donde los veranos son como días interminables, casi sin noche, y los inviernos como noches interminables, casi sin día", reflexioné.

Todo el paisaje me hacía pensar en las personas que les estábamos llevando nuestra música y lo importante que eso era. Las oportunidades que tuvimos de tocar en Ushuaia siempre estuvieron ligadas con posibilidades de alcanzar al sector secular. A causa de la poca cantidad de gente que llega al final de la Tierra, a causa de que no todos los días arriba un artista a la isla, porque Tierra del Fuego es una isla y un archipiélago, cuando alguien propone alguna movida cultural se le abren puertas. Siempre nos sucedió, siempre estuvimos en la radio clave, en su diario principal, en sus focos de atención. Cada vez que fuimos, la ciudad supo de los recitales de Rescate. Dos de las cuatro veces que tocamos en Tierra del Fuego participamos en conciertos junto a bandas no cristianas.

Otra de sus características es que está llena de gente que no pertenece al lugar, personas que fueron a trabajar, procedentes del resto de Argentina, o del *continente*, como le llaman ellos porque se sienten como fuera del mismo. Rosarinos, cordobeses, mendocinos, porteños y más. Cuando reciben a los visitantes requieren y preguntan: "¿Qué contás? ¿Qué se cuenta por allá?". Esa misma gente son los periodistas, con quienes surgen diálogos en las redacciones de los diarios. Nos prestan atención, nos atienden, hay mucha camaradería, mucha calidez. El calor que no da el clima, lo tiene que dar el ser humano.

Río Grande es otra ciudad de la isla. Cercana a Ushuaia y de mayor tamaño, aunque también es bella, tiene menor trascendencia en cuanto a turismo mundial, pues posee otro perfil. Ventosa belleza, rígido clima, paisajes en marrón y gris, inmensidad del Mar Argentino. Es fundamental en producción, probablemente más que Ushuaia. Rescate tenía un concierto en Río Grande.

Estaba organizado por el área cultural juvenil de la ciudad. Algunos jóvenes cristianos estaban vinculados con dicha sección. Para ese recital se intentó unir a todas las congregaciones evangélicas del radio. Las previas venían bien. Las iglesias estaban de acuerdo con que Rescate fuera a tocar. Todo marchaba grato hasta que acontecieron dos cosas. En primer término, uno de los patrocinadores era el ente regulador de loterías y casinos a nivel provincial. Por lo que habría banderas suyas en el escenario. Lo segundo fue que tocarían un par de grupos seculares. Entonces, árboles taparon el bosque.

Algunos pastores y hermanos dieron un paso al costado, retiraron su apoyo al festival y se generó un cambio de opiniones. Era difícil. Rescate, básicamente, atrae público cristiano. El *éxito*, entre comillas, del concierto quedaba en riesgo. Gracias a Dios, todo salió muy bien. Después de un día lluvioso, frío, áspero, lo trascendente de aquella noche de viernes fue que asistieron muchos no cristianos, seguidores de las bandas que tocaban antes de nosotros. Llegar hasta lo último de la tierra y ver a esos chicos, en principio, extrañados, que luego terminaron saltando y cantando nuestras canciones, sinceramente, fue muy fuerte. Lo vivimos con mucha alegría.

Río Grande dista de Ushuaia un par de horas en auto. Al día siguiente, teníamos concierto allí y otro el domingo. Faltaba tiempo para festejos o para trasnochar charlando de lo sucedido. Así que, pronto, nos fuimos a dormir. Descansamos en grande y salimos tempranísimo. Algo bien lindo estaba por suceder. El domingo en Ushuaia tocamos en un templo. Allí, la esposa del pastor nos comentó que el sábado había viajado a Río Grande para trasladar a un misionero que tenía que predicar en una congregación hermana. Singularmente, una de las que no había apoyado nuestro *show*. Al regresar, esta pastora trajo una noticia muy agradable para nosotros. Nos transmitió palabras del pastor de esa iglesia: "¡Qué oportunidad hubo el otro día! ¡Qué resultados que tuvo la pasada de Rescate por Río Grande!"

El sábado, los jóvenes tuvieron reunión de células. Fueron dieciséis personas nuevas, que conocieron la Palabra de Dios en nuestro concierto del viernes. Solo por haber estado con chicos cristianos, brotó la posibilidad de que concurrieran a esas células y allí estuvieron. Sin omitir considerar la calidad de los terrenos, pedregoso, fértil u otros, tener esa prueba fehaciente de que la semilla da su fruto fue algo muy bueno.

Antes de salirme de Ushuaia, siempre pretendo quedarme con esas imágenes, siempre deseo tornar a Lapataia, al final de la ruta, mirar, dar gracias a Dios porque nos dio la posibilidad de llegar hasta lo último de la tierra y saber que hasta en ese lugar él ha sido fiel con nosotros.

Podemos prescindir de esa profecía silvestre que anuncia que quien come calafate, sí o sí, regresa a Ushuaia. Porque en nuestro corazón, en nuestra gratitud, en nuestra plenitud, siempre regresaremos a ese amor.

DE ENTRECASA
(UNA CONCLUSIÓN)

Las páginas avanzaron, las experiencias también y, tal vez sin darte cuenta, nosotros con vos recorrimos el continente, la historia y muchas de nuestras más íntimas cosas.

Lo dijimos: somos un poco como *La Sara*, ni eximios ni lujosos. No somos un grupo de gente talentosa, no tenemos los mejores cantantes, guitarristas, tecladistas, pero algo sucede con todos juntos. Nos atrevemos a escribir sobre esto porque tenemos años que avalan las cosas que nos han pasado. Hoy, les podemos contar a los chicos que están haciendo sus bandas, o que sueñan con tener una, quizás como lo soñás vos, que no hace falta tocar ni cantar bien; sí es necesario perfeccionarse y buscar buenas ideas, pero el *leit motiv* de crear una banda no es conformar un *dream team*.

No necesitás el mejor guitarrista o el mejor baterista al lado tuyo para que el grupo suene bien. Para que eso pase, es más importante tener en la guitarra o en la batería a un incondicional amigo. Porque los momentos que la gente normalmente ve son los menos, esos cuando se encienden las luces, típicos de seguidores, sonidos y aplausos. Cuando brilla el *show*, ¿quién no quisiera tener su propia banda de *rock*? Ahí es cuando los chicos anhelan tener su grupo. Les pasa a muchos, nos pasó a nosotros. La mayor parte del camino es cuesta arriba, dura como la decepción, trocha de piedra. Cuando las bandas comienzan, sobre todo. En el comienzo está el descrédito, en el comienzo no hay experiencia, no hay conciertos, no te invitan. En el comienzo no vale la pena estar al lado de los mejores guitarristas, bateristas o tecladistas, porque eso no basta para mantener en alto el espíritu y la fidelidad hacia la banda y el proyecto. Para medir cuál es tu visión, para esclarecer hasta dónde te resulta un *hobby* o si tus únicas ganas son las de sonar bien, para sondear hasta dónde tenés un compromiso y un trato con él que involucre tu vida entera. Dios, indefectiblemente, te va a hacer pasar por eso, por ese infalible banco de prueba que él usa.

Encontrar buenos amigos no es nada fácil. Tenemos que pedirle a Dios que ponga en nuestro camino a la gente que debe ser y estar lo suficientemente despiertos para no desperdiciar esas oportunidades. Porque seguro que si se lo pedimos, él pondrá a tales personas. Con Rescate damos testimonio de que una banda es un taller perfecto para aprender a renunciar a uno mismo. El sonido de Rescate se logró cuando el guitarrista empezó a renunciar a ser guitarrista y comenzó a ser parte de la banda; lo mismo el baterista, el bajista, el percusionista y todos. Ser banda nos lleva a descubrir hasta dónde estamos dispuestos a sacrificar de nosotros por el bien del otro.

El grupo empieza a sonar cuando cada instrumento va encontrando su espacio, sin eclipsarse con los otros, sin reñirse ni pelear. Por eso, es bueno ser amigos, tener confianza para decirse las cosas, tener la seguridad de que cuando abrimos el corazón hacia la otra persona, esta interpreta realmente lo que queremos hacer por ella. Hace falta convivencia, hace falta compartir, porque es en todo ese tiempo juntos cuando comenzamos a aprender a sonar en banda. No es lo mismo un equipo que una suma de individualidades. Hay grupos que suenan como sumatoria de individualidades, son excelentes pero no son equipo.

El camino que recorremos nos lleva generacionalmente a muchas instancias. Rescate tiene muchos años y por Rescate han pasado muchas personas. A la camioneta se han subido personas que hoy ya no se suben. Eran solteros, no tenían un trabajo que los demandara *full time*, tenían una novia que les bancaba la posibilidad de que se ausentaran los fines de semana. Hoy, tienen esposas e hijos, que no tienen por qué acompañarlos o ser parte del proyecto. En un medular sentido, este camino no depende solo de nosotros, sino de todas las personas y cosas que nos rodean, comenzando por nuestras esposas y nuestros hijos. Por eso, Rescate es una gran familia y es fundamental recordarlo.

La primera vez que escuchamos *Quitamancha* completo hicimos un asado en casa. Solo estábamos los músicos y un par de chicos más del *staff*. Después de cenar y regocijarnos, al cobijo de la medianoche, cuando ninguna confesión se siente incómoda, me sinceré con mis compañeros sobre vivencias que nunca les había compartido. Les dije que estoy dispuesto a defender este grupo de amigos a como dé lugar. Es decir, cuando han pasado muchos años y hay un grupo de personas que han sido parte de tantas cosas que van más allá de lo musical, uno empieza a valorar un montón de etapas, de renuncias, de estar luchando cuando los días eran grises o hacía frío o no estaban los aplausos, sino que estaba la adversidad y había descrédito. Uno sabe, valora, agradece que se mantuvieran fieles, codo a codo, sin abandonarnos. Son las personas a las que tenemos que cuidar y defender.

No sabemos el grado de tus proyectos, desconocemos la magnitud de tu osadía y lo intrépido de tu corazón. Sabemos que el llamado que Dios te hace trasciende tus limitaciones, tu autoestima y lo que los demás dicen de vos. El Señor te ama y se goza en tu libertad, te ha dado dones para que los multipliques, escucha tu canción y atiende tus anhelos.

Dios siempre estará con vos, podrá cerrar una puerta pero abrirá un portón, nunca te abandonará, nunca te dejará a solas, ninguno de tus sueños le parece poca cosa. Por eso, y porque somos guardados en Cristo, atendé tus ganas, dejá volar tu originalidad, renuncia al miedo y sujetá la cobardía.

Desde ahora y hasta lo último de la tierra, nuestro Padre bueno prosperará tu obediencia a sus apasionantes propósitos. Una aventura incalculable comienza cuando doblas tus rodillas en oración a él. Llegará la alegría, vendrá la multiplicación.

Más que perfectos, Rescate somos un puñado de corazones dispuestos, tan dispuestos y necesitados de Dios como tu propio corazón.